智库中社

国家智库报告 2019（45）
National Think Tank

社会·政法

中国网络法治发展报告
（2018—2019）

支振锋　刘晶晶　著

REPORT ON DEVELOPMENT OF CHINESE RULE OF LAW
IN CYBERSPACE (2018-2019)

中国社会科学出版社

图书在版编目（CIP）数据

中国网络法治发展报告. 2018－2019 / 支振锋，刘晶晶著 . —北京：
中国社会科学出版社，2019. 10
（国家智库报告）
ISBN 978－7－5203－5454－7

Ⅰ.①中…　Ⅱ.①支…②刘…　Ⅲ.①互联网络—应用—社会主义
法制—建设—研究报告—中国—2018－2019　Ⅳ.①D920.0

中国版本图书馆 CIP 数据核字（2019）第 232521 号

出 版 人	赵剑英
项目统筹	王　茵
责任编辑	喻　苗
责任校对	杨　林
责任印制	李寡寡

出　　版	中国社会科学出版社
社　　址	北京鼓楼西大街甲 158 号
邮　　编	100720
网　　址	http://www.csspw.cn
发 行 部	010－84083685
门 市 部	010－84029450
经　　销	新华书店及其他书店

印刷装订	北京君升印刷有限公司
版　　次	2019 年 10 月第 1 版
印　　次	2019 年 10 月第 1 次印刷

开　　本	787×1092　1/16
印　　张	9.5
插　　页	2
字　　数	123 千字
定　　价	58.00 元

项目负责人

支振锋　中国社会科学院大学长聘教授、中国社会科学院法学研究所研究员、《环球法律评论》副主编、国家"万人计划"青年拔尖人才、博士生导师

项目组成员

张真理　北京市社会科学院法学研究所研究员、所长
周净泓　北京市社会科学院法学研究所博士后
王思锋　西北大学法学院教授、院长
韩莹莹　北京物资学院校办副主任、助理研究员
刘晶晶　中国社会科学院上海研究院博士研究生
叶子豪　中国社会科学院大学（研究生院）硕士研究生
李　彤　中国社会科学院大学（研究生院）硕士研究生
李家琛　伦敦政治经济学院研究生

项目合作单位

西北大学法学院中国数字法治研究院
中国社会科学院大学互联网法治研究中心

摘要：2018 年，全国网络安全和信息化工作会议为新时代网信工作提供了基本遵循。2018—2019 年，我国网络立法继续围绕《网络安全法》加紧制定并出台相关配套措施，积极应对区块链、人工智能、5G 等新技术带来的关键问题、复杂问题、难点问题，推动网络法治朝着全面化、常态化方向发展。但由于立法文件的数量繁多且内容繁杂，急需网络立法工作"回头看"，加强立法后评估工作。

关键词：网络法治；网络安全；内容治理

Abstract: The China's National Cybersecurity and Informatization Work Conference in 2018 provides fundamental guideline for cyber information work in the new era. Currently, China continues to enact or introduce relevant supporting measures for the implementation of Cybersecurity Law, and to actively respond to the risks and opportunities posed by new technologies, such as blockchains, artificial intelligence, 5G, which are constantly and comprehensively promoting the development of rule of law in cyberspace. However, due to the increasing number of legislative documents, as well as the complexity of legislative regulations, it is urgent to review the work of cyber legislation and strengthen the evaluation of legislation.

Keywords: Rule of Law in Cyberspace, Cybersecurity, Content Governance

目　　录

导　言

习近平总书记在全国网络安全和信息化工作会议上指出，我们不断推进理论创新和实践创新，不仅走出一条中国特色治网之道，而且提出一系列新思想新观点新论断，形成了网络强国战略思想。2018—2019 年，我国网信部门继续坚持中国特色治网之道，扎实推进网络强国建设，互联网发展和治理不断开创新局面。

从互联网产业发展来看，我国互联网产业发展势头蓬勃。一是流量变现仍旧是主流商业模式，但人口红利已现疲态。截至 2019 年 6 月，我国网民规模达 8.54 亿，普及率达到 61.2%，较 2018 年底提升 1.6 个百分点，① 增速放缓。二是网络提速降费成效显著，5G 研发和产业化进展顺利，为在线直播、短视频等互联网泛娱乐产业带来新的发展机遇，但知识产权问题不容忽视。截至 2019 年 6 月，网络视频、网络音乐和网络游戏的用户规模分别为 7.59 亿、6.08 亿和 4.94 亿，使用率分别为 88.8%、71.1% 和 57.8%，② 将为互联网泛娱乐产业带来显著的用户规模效应。三是云计算、大数据、人工智能等技术应用场景不断丰富，数据安全及用户信息保护问题凸显。

---

① 中国互联网络信息中心（CNNIC）：第 44 次《中国互联网络发展状况统计报告》。

② 同上。

　　从互联网行业治理来看，为了守护好网络空间这个亿万民众的精神家园，各级网信领域相关部门持续发力，强化协同共治，形成网信工作"一盘棋"的工作格局：一是充分发挥信息化手段在国家治理中的基础性作用，推动社会管理创新发展，使互联网成果惠及群众、服务群众；二是积极应对日益复杂的网络安全态势，加强和完善个人信息及网络安全等级保护制度措施，严厉打击网络犯罪活动，通过制定多项网络安全国家标准及进行网络安全监督检查进一步构建多维网络安全保障体系；三是着力加强网络内容建设和管理，实现对不同形式信息服务的全面监管，同时针对不断发展变化的网络新技术适时进行合理监管，提高互联网立法的适应性与前瞻性；四是兼顾网络空间治理与产业健康发展，回应公众关切，针对突出问题及时进行专项整治，引导互联网企业合规经营。

一　国家治理

在治理体系和治理能力现代化建设上，紧紧抓住信息化发展的历史机遇，利用互联网技术整合政务大数据资源，实现数据信息的共享互通，不断促进政务服务改革，推动公共事务规范化、创新性发展，为亿万人民带来更多获得感、幸福感、安全感。

（一）　网络基础设施建设稳步推进

2018—2019 年，作为重要的网络基础设施的互联网基础资源保有量稳中有升，截至 2019 年 6 月，我国 IPv4 地址数量为 38598 万个，拥有 IPv6 地址数量为 50286 块/32。[1] 从网络接入环境来看，2018 年新建光缆线路长度 578 万公里，全国光缆线路总长度达 4358 万公里。互联网宽带接入端口数量达到 8.86 亿个，其中，光纤接入（FTTH/0）端口达到 7.8 亿个。[2] 此外，我国已建成全球最大 4G 网络，2018 年新建 4G 基站 43.9 万个，总数达到 372 万个；积极推进 5G 标准研究和技术试验，构建了

---

[1]　中国互联网络信息中心（CNNIC）：第 44 次《中国互联网络发展状况统计报告》。

[2]　《2018 年通信业统计公报》，工业和信息化部官网，http://www. miit. gov. cn/n1146312/n1146904/n1648372/c6619958/content. html，最后访问时间：2019 年 3 月 7 日。

全球最大5G试验外场，并完成第三阶段试验规范。① 2019年，我国正式进入5G商用阶段。

国家十分重视网络信息基础设施建设，《粤港澳大湾区发展规划纲要》中也明确提出了优化提升信息基础设施的要求，可见网络基础设施建设对于推进网络强国战略的重要性不言而喻。一方面，网络基础设施建设是弥合数字鸿沟的有效手段。基础设施建设与网络提速降费工作的稳步推进，大大降低了公众使用网络的成本，减少了公众在互联网接入条件上的差异性，缓解了互联网"有者"和"无者"之间的群体分化，有利于保障不同地区人民群众享有平等的数字人权。另一方面，网络基础设施建设是助推数字中国建设的基础条件。数字中国的建设离不开网络和信息技术的助力，包含高速宽带网络、IP地址、域名资源、5G通信网络等在内的网络基础设施为数字中国建设搭建起高速、稳定、安全、可靠的硬件环境，为数字经济的腾飞提供可靠支撑。

1. 网络提速降费。2018年5月11日，工业和信息化部（简称工信部）、国务院国有资产监督管理委员会（简称国资委）两部门联合发布《关于深入推进网络提速降费加快培育经济发展新动能2018专项行动的实施意见》，从"加快宽带网络演进升级""补齐宽带网络发展短板""加快释放网络提速降费红利""推动信息通信技术与实体经济深度融合""确保网络提速降费落到实处"等方面提出了具体意见，为数字中国发展夯实网络通信基础，为经济发展提供新动能。2019年《国务院关于落实〈政府工作报告〉重点工作部门分工的意见》中也明确提出要开展城市千兆宽带入户示范，改造提升远程教育、远程

---

① 《2018年通信业统计公报解读：通信业健康平稳运行 基础设施能力不断提高》，工业和信息化部官网，http：//www.miit.gov.cn/n1146295/n1652858/n1653018/c6619634/content.html，最后访问时间：2019年3月7日。

医疗网络，推动移动网络扩容升级。2019 年中小企业宽带平均资费再降低 15%，移动网络流量平均资费再降低 20% 以上，在全国实行"携号转网"，规范套餐设置，使降费实实在在、消费者明明白白。① 为全面落实国务院要求的部门分工，2019 年 4 月 11 日，工业和信息化部、国务院国有资产监督管理委员会下发了《关于开展深入推进宽带网络提速降费　支撑经济高质量发展 2019 专项行动的通知》。

2. 工业互联网。工业互联网是互联网技术与工业制造技术深度融合的结果，发展工业互联网是深化"互联网 + 先进制造业"的重要举措。互联网技术在制造业的应用与发展对新的技术革命产生了重大影响，为推进工业互联网稳步发展，夯实工业互联网发展基础，我国相关部门结合当年工业互联网发展实际，制订了专门的行动计划。2018 年 5 月 31 日，工业互联网专项工作组下达了《关于印发〈工业互联网发展行动计划（2018—2020 年）〉和〈工业互联网专项工作组 2018 年工作计划〉的通知》，其中《工业互联网发展行动计划（2018—2020 年)》制定了在工业互联网发展起步阶段的总体要求和重点任务，指出要初步形成有力支撑先进制造业发展的工业互联网体系。为全面落实好工业互联网发展行动计划，在工业互联网专项工作组年度工作计划里明确部署了 2018 年工业互联网专项工作组成员单位的重点工作、具体举措、年度目标成果及完成的时间节点。同时，陆续出台了工业互联网标准规范，推动工业互联网标准化体系的建立。据悉，工业互联网标准体系共包括 320 项标准项目，其中基础共性标准 45 项，总体标准 235 项，应用标准 40 项；已发布标准 45 项，制定中标准 76 项，待制定标准 199 项。

---

① 《国务院关于落实〈政府工作报告〉重点工作部门分工的意见》（国发〔2019〕8 号），中国政府网，http://www.gov.cn/zhengce/content/2019 - 04/09/content_ 5380762. htm，最后访问时间：2019 年 9 月 29 日。

表 1 - 1   2018—2019 年工业互联网相关政策文件

发布时间	文件名称	发布部门	主要内容
2019 年 5 月 15 日	《关于加强能源互联网标准化工作的指导意见》	国家标准化管理委员会、国家能源局	规定了加强能源互联网标准化工作的总体要求、重点任务及保障措施
2019 年 1 月 25 日	《关于印发〈工业互联网综合标准化体系建设指南〉的通知》	工业和信息化部、国家标准化管理委员会	在当前工业互联网技术发展现状的基础上，为当前和未来一段时间内工业互联网标准化工作提出了建设思路及目标，并且指明了工业互联网标准体系框架以及需要重点进行标准化建设的领域和方向
2018 年 12 月 29 日	《工业互联网网络建设及推广指南》	工业和信息化部	明确提出以构筑支撑工业全要素、全产业链、全价值链互联互通的网络基础设施为目标，着力构建网络标准体系、打造工业互联网标杆网络、着力建设标识解析体系、完善网络创新环境，到 2020 年，形成相对完善的工业互联网网络顶层设计，初步建成工业互联网基础设施和技术产业体系
2018 年 7 月 9 日	《工业互联网平台建设及推广指南》	工业和信息化部	规定了发展工业互联网平台的总体要求，制定工业互联网平台标准，培育并推广工业互联网平台，建设工业互联网平台生态，加强工业互联网平台管理
2018 年 7 月 9 日	《工业互联网平台评价方法》	工业和信息化部	明确了工业互联网平台评价重点，即平台基础共性能力要求、特定行业平台能力要求、特定领域平台能力要求、特定区域平台能力要求、跨行业跨领域平台能力要求五个部分
2018 年 4 月 27 日	《工业互联网 APP 培育工程实施方案（2018—2020 年）》	工业和信息化部	规定了工业互联网 APP 培育工程实施的总体要求、主要任务、进度安排及保障措施

3. IPv6 网络专项行动。2019 年 4 月 16 日，工业和信息化部

发布《关于开展 2019 年 IPv6 网络就绪专项行动的通知》，明确指出了 2019 年全面部署推进 IPv6 的重点工作任务、年度目标及保障措施。

（二）信息化手段提高政务服务效率

政务服务信息化是推进国家治理体系和治理能力现代化的重要路径，各级政府积极拥抱互联网技术，把握互联网时代信息传播规律，已经逐渐形成了政务网站、微博、微信、政务头条号等多平台的政务新媒体矩阵。据统计，截至 2019 年 6 月，我国共有政府网站 15143 个，主要包括政府门户网站和部门网站。其中，国务院部门及其内设、垂直管理机构政府网站 1001家，省级政府网站 1720 家，市级政府网站 9305 家，县级政府网站 3117 家。①

但是实践中也还存在诸多问题，对政府形象和公信力造成了不良影响。一是政务服务办事流程烦琐、复杂，"办证多、办事难、办事繁、办事慢"等依旧是企业和群众到政府部门办事的难题。虽然"门难进、脸难看"的问题已经大为改观，但如何做到"事好办"仍然需要政府部门继续努力。二是在线政务服务平台建设管理分散，在线业务办事系统设计不够科学合理，导致企业和群众办事时需要先琢磨系统怎么用，大大降低了政务服务效率。三是各部门在线政务服务平台之间数据共享不足，一方面给业务协同带来难题，另一方面也给群众办事造成不便。四是政务新媒体在功能定位、信息发布、建设运维、监督管理等方面问题突出，许多政务新媒体只发布消息却不与公众进行互动，甚至还有许多处于沉睡状态的"僵尸"账号，账号内容

---

① 中国互联网络信息中心（CNNIC）：第 44 次《中国互联网络发展状况统计报告》。

用语不规范、不得体等现象也屡见不鲜。

为重点解决上述问题,2018—2019 年国家加快推动"互联网+政务服务"建设,相继出台了多个文件,引导各级政府积极利用互联网技术整合政务服务资源,加强信息共享,优化政务流程,提升服务效能,促进"互联网+政务服务"规范化管理,进一步实现了政府职能的线上线下融合发展,让广大人民群众线下跑一次甚至足不出户就可以享受到便捷的线上政务服务。比如,为实现"数据多跑路,群众少跑腿",工业和信息化部于 2019 年 4 月 1 日发布了《关于开展互联网信息服务备案用户真实身份信息电子化核验试点工作的通知》,网络接入服务提供者可通过"人脸识别""唇语识别""动作识别"等技术手段实现在线备案。

表 1 - 2 　 　2018 年国务院出台的推动"互联网+政务服务"建设
相关文件

发布时间	文件名称	主要内容
2018 年 6 月 10 日	《进一步深化"互联网+政务服务"推进政务服务"一网、一门、一次"改革实施方案》	围绕企业和群众办事线上"一网通办"的总体目标,明确指出政务服务"一网、一门、一次"改革的基本原则、工作目标、保障措施
2018 年 7 月 25 日	《关于加快推进全国一体化在线政务服务平台建设的指导意见》	指明了推进全国一体化在线政务服务平台建设的总体要求、总体架构和任务要求等,细化了各级政府重点任务分工及进度安排,并下发了《全国一体化在线政务服务平台建设组织推进和任务分工方案》
2018 年 8 月 25 日	《关于加强政府网站域名管理的通知》	健全政府网站域名管理体制,进一步规范政府网站域名结构,优化政府网站域名注册注销等流程,加强域名安全防护及监测处置工作
2018 年 10 月 27 日	《政府网站集约化试点工作方案》	明确了政府网站集约化试点工作的总体要求,划定了试点范围,提出了试点地区要完成的工作任务、时间进度要求及保障措施

发布时间	文件名称	主要内容
2018 年 12 月 7 日	《关于推进政务新媒体健康有序发展的意见》	明确了政务新媒体健康有序发展的总体要求和工作职责，要求各地区、各部门加强功能建设、规范运维管理、强化保障措施
2019 年 4 月 26 日	《国务院关于在线政务服务的若干规定》	推进各地区、各部门政务服务平台规范化、标准化、集约化建设和互联互通，推动实现政务服务事项全国标准统一、全流程网上办理，促进政务服务跨地区、跨部门、跨层级数据共享和业务协同，并依托一体化在线平台推进政务服务线上线下深度融合

（三）机构改革优化网信部门管理体系

2018 年 3 月 21 日，中共中央印发了《深化党和国家机构改革方案》，其中涉及网信管理部门的主要有中央网络安全和信息化领导小组、中央宣传部、国家新闻出版广电总局等机构职能的调整。

中央网络安全和信息化领导小组改为中央网络安全和信息化委员会，负责相关领域重大工作的顶层设计、总体布局、统筹协调、整体推进、督促落实，办事机构为中央网络安全和信息化委员会办公室，从"领导小组"到"委员会"的调整有利于网信工作的长远发展和稳步推进，这也与《网络安全法》中国家网信部门负责统筹协调网络安全工作和相关监督管理工作的规定相契合。为维护国家网络空间安全和利益，将国家计算机网络与信息安全管理中心由工业和信息化部管理调整为由中央网络安全和信息化委员会办公室管理，这进一步加强了中央网络安全和信息化委员会办公室的网络安全保障职能。

中央宣传部统一管理新闻出版工作，履行原来由国家新闻出版广电总局负责的新闻出版管理职责，对外加挂国家新闻出版总署（国家版权局）的牌子。中央宣传部调整后，其关于新闻出版管理方面的主要职责是，贯彻落实党的宣传工作方针，拟订新闻出版业的管理政策并督促落实，管理新闻出版行政事务，统筹规划和指导协调新闻出版事业、产业发展，监督管理出版物内容和质量，监督管理印刷业，管理著作权，管理出版物进口等。新闻出版管理职责的调整也意味着网络游戏版号的管理部门将由原来的国家新闻出版广电总局变成中宣部。

组建国家广播电视总局，主要职责是贯彻党的宣传方针政策，拟订广播电视管理的政策措施并督促落实，统筹规划和指导协调广播电视事业、产业发展，推进广播电视领域的体制机制改革，监督管理、审查广播电视与网络视听节目内容和质量，负责广播电视节目的进口、收录和管理，协调推动广播电视领域"走出去"工作等。从这一调整来看，网络视听节目①内容和质量的监督管理、审查是国家广播电视总局的职责，但是国家电影局统一归中宣部管理，对于那些同时想通过网络和院线发行的电影则很可能受到"国家广播电视总局"及"国家电影局"的双重管理。

（四）互联网司法审判体系创新与规范发展

我国审判机构借助互联网技术积极搭建司法审判新阵地，主动探索互联网司法新模式，不断总结互联网治理新经验，在推动人民法院审判体系和审判能力现代化发展的道路上取得了显著成绩。截至 2018 年 10 月 30 日，杭州互联网法院共受理各

---

① 《网络视听节目内容审核通则》第二条"本通则所称网络视听节目，具体包括：（一）网络剧、微电影、网络电影、影视类动画片、纪录片；（二）文艺、娱乐、科技、财经、体育、教育等专业类网络视听节目；（三）其它网络原创视听节目"。

类互联网案件 14233 件，审结 11794 件。① 互联网法院使得异地审案成为可能，大大降低了当事人的诉讼成本。但数字鸿沟问题也不容忽视，并非人人都能熟练利用互联网在线参与诉讼，如何使互联网法院更加便捷地为人民服务，特别是如何保障偏远落后地区群众也能充分享受互联网法院的便民服务，是一个值得思考的问题。

2018—2019 年，我国审判机构继续运用互联网思维，推进司法创新与规范发展，主要开展了以下工作：

第一，借鉴杭州互联网建设经验，在网络普及率、电商交易规模均居全国前列的北京、广州增设互联网法院，规范促进当地互联网产业发展。2018 年 7 月 6 日，中央全面深化改革委员会第三次会议审议通过了《关于增设北京互联网法院、广州互联网法院的方案》，决定在北京、广州两地增设互联网法院，进一步深化互联网法院试点探索，健全完善互联网案件审判格局。2018 年 9 月 9 日，北京互联网法院挂牌成立，"抖音短视频"诉"伙拍小视频"信息网络传播权纠纷成为该院受理的第一案。2019 年 2 月，《北京市高级人民法院工作报告》指出，北京互联网法院挂牌成立以来，已受理案件 3040 件，审结 2540 件，电子诉讼平台访问量达 823 万人次。2018 年 9 月 28 日，广州互联网法院挂牌成立，"昆仑墟"诉"灵剑苍穹"手机游戏著作权权属、侵权纠纷成为该院受理的第一案。② 2019 年 3 月，《广州市中级人民法院工作报告》指出，成立 3 个多月来，广州互联网法院受理案件 1833 件，审结 972 件，涉案标的 1.1 亿元。

---

① 《互联网司法治理的"中国方案"》，人民法院报官网，http：//rm-fyb. chinacourt. org/paper/html/2018 – 12/18/content_ 146959. htm？div = – 1，最后访问时间：2019 年 3 月 7 日。

② 《广州互联网法院受理第一案》，金羊网，http：//ep. ycwb. com/epaper/ycwb/html/2018 – 09/30/content_ 155281. htm，最后访问时间：2019 年 3 月 7 日。

第二，紧跟互联网时代发展潮流，提高互联网案件审理规则和裁判规则与技术发展的适应性。2018年6月28日，杭州互联网法院上线全国首个电子证据平台，并同时发布了《杭州互联网法院电子证据平台规范》《杭州互联网法院民事诉讼电子证据司法审查细则》，前者规范了电子数据的接入、传输、交换流程，完善电子证据平台的建设和管理机制；后者采用技术中立、技术说明、个案审查三大原则对电子数据的真实性、合法性、关联性进行有效审查，规范电子数据的审查标准和效力认定规则。[①] 同一天，杭州互联网法院也宣判了全国首例以区块链技术进行存证的民事案件，并且对通过区块链技术进行存证的电子数据的证据效力予以确认，对区块链技术所形成的电子数据的审查标准进行了规制。

第三，统一规范互联网法院诉讼活动，保护当事人及其他诉讼参与人合法权益。2018年9月6日，最高人民法院发布实施《最高人民法院关于互联网法院审理案件若干问题的规定》，该规定共二十三条，主要明确了互联网法院的案件管辖范围、上诉机制、在线审理原则、平台建设要求和在线诉讼规则，重点包括在线身份认证规则、在线立案和应诉规则、在线举证规则、电子化材料效力规则、电子证据真实性认定规则、在线视频庭审规则、电子送达规则以及在线签名、电子笔录、电子归档等规则及效力。[②] 随后，杭州互联网法院于2018年9月18日

---

① 《我院举行全国首个电子证据平台上线及〈法院电子证据平台规范〉〈民事诉讼电子证据司法审查细则〉新闻发布会》，杭州互联网法院官网，http://hztl. zjcourt. cn/art/2018/6/28/art_ 1225222_ 20112753. html，最后访问时间：2019年3月7日。

② 《周强主持召开最高人民法院审判委员会全体会议 审议并原则通过〈最高人民法院关于互联网法院审理案件若干问题的规定〉》，中华人民共和国最高人民法院官网，http://www. court. gov. cn/zixun-xiang qing-115991. html，最后访问时间：2019年3月7日。

正式上线运行司法区块链。

此外，最高人民法院于 2019 年 8 月 1 日召开新闻发布会，发布实施《最高人民法院关于建设一站式多元解纷机制 一站式诉讼服务中心的意见》，围绕建设集约高效、多元解纷、便民利民、智慧精准、开放互动、交融共享的现代化诉讼服务体系，以两个"一站式"建设为主线，分三个部分规定了推进工作的总体要求、工作措施和组织实施，① 明确提出到 2020 年底，全国法院一站式多元解纷机制基本健全，一站式诉讼服务中心全面建成。

互联网技术不仅被运用在立案、审判阶段，相关部门在侦查起诉阶段也十分重视新技术在案件办理过程中的运用。2019 年 1 月 2 日，公安部发布《公安机关办理刑事案件电子数据取证规则》对电子数据的收集提取、检查等内容进行了更为详尽、细致的规定，确保电子数据取证的规范性和程序合法性。

表 1 - 3　　　　　　　　司法审判相关规范性文件

文件名称	发布部门	发布时间	实施时间
《公安机关办理刑事案件电子数据取证规则》	公安部	2019 年 1 月 2 日	2019 年 2 月 1 日
《最高人民检察院关于印发〈检察机关办理电信网络诈骗案件指引〉的通知》	最高人民检察院	2018 年 11 月 9 日	2018 年 11 月 9 日
《最高人民法院关于互联网法院审理案件若干问题的规定》	最高人民法院	2018 年 9 月 6 日	2018 年 9 月 7 日
《最高人民法院关于人民法院通过互联网公开审判流程信息的规定》	最高人民法院	2018 年 3 月 4 日	2018 年 9 月 1 日

① 《〈最高人民法院关于建设一站式多元解纷机制 一站式诉讼服务中心的意见〉新闻发布会》，中华人民共和国最高人民法院官网，http://courtapp. chinacourt. org/zixun-xiangqing-174482. html，最后访问时间：2019 年 9 月 27 日。

（五）信息化改革助推基层治理能力现代化

习近平总书记在 2018 年 8 月 21 日召开的全国宣传思想工作会议上指出，要扎实抓好县级融媒体中心建设，更好引导群众、服务群众。2018 年 11 月 14 日，中央全面深化改革委员会第五次会议指出，组建县级融媒体中心，有利于整合县级媒体资源、巩固壮大主流思想舆论。要深化机构、人事、财政、薪酬等方面的改革，调整优化媒体布局，推进融合发展，不断提高县级媒体传播力、引导力、影响力。要坚持管建同步、管建并举，坚持正确政治方向、舆论导向、价值取向，坚守社会责任，把社会效益放在首位。[①]"媒介融合"已经不是一个新现象，但以往的媒体融合大多发生在中央媒体、大型媒体集团。北京大学新媒体研究院的一项调研表明，县级融媒体建设已在全国铺开，1756 个县至少拥有一种新媒体平台并开展相关建设工作，占比高达 93.90%。但各县经济发展状况、民生情况存在较大差异，融媒体建设水平也各有不同，主要存在内容建设不足、平台类型多元、资金来源单一、经营方式自主、参与人员分散等问题。[②]

2019 年 1 月 18 日，中宣部和国家广播电视总局联合发布《县级融媒体中心建设规范》和《县级融媒体中心省级技术平台规范要求》，这两个规范与同年 4 月 11 日中宣部新闻局和国家

---

① 《县级融媒体中心扎根地方重构边界》，中共中央网络安全和信息化委员会办公室官网，http：//www.cac.gov.cn/2019-05/21/c_1124 522261.htm？uc_biz_str＝S：custom｜C：smrobot，最后访问时间：2019 年 9 月 29 日。

② 谢新洲、黄杨：《我国县级融媒体建设的现状与问题》，《中国记者》2018 年第 10 期。

广播电视总局科技司再次联合发布的《县级融媒体中心网络安全规范》《县级融媒体中心运行维护规范》《县级融媒体中心监测监管规范》一起形成了建设县级融媒体中心的 5 项标准规范。

表 1-4　　　　　　　　　县级融媒体中心建设 5 项标准规范

发布时间	文件名称	主要内容
2019 年 1 月 18 日	《县级融媒体中心建设规范》	基于县级融媒体中心的业务类型，规定了其总体架构、功能要求、基础设施配套要求、关键技术指标及验收要求等内容，适用于县级融媒体中心技术系统的建设
2019 年 1 月 18 日	《县级融媒体中心省级技术平台规范要求》	规定了对县级融媒体中心提供业务和技术支撑的省级技术平台规范要求，适用于支撑县级融媒体中心的省级技术平台的设计、建设和运行维护
2019 年 4 月 11 日	《县级融媒体中心网络安全规范》	规定了县级融媒体中心的网络安全要求，包括技术要求、管理要求和运维要求，适用于县级融媒体中心的网络安全建设和监督管理
2019 年 4 月 11 日	《县级融媒体中心运行维护规范》	规定了县级融媒体中心的技术系统、基础设施和辅助设施的运行维护要求，适用于县级融媒体中心的运行维护
2019 年 4 月 11 日	《县级融媒体中心监测监管规范》	规定了对县级融媒体中心监测监管的要求和功能，适用于县级融媒体中心的自我监测，监测监管机构对辖区内县级融媒体中心的监管

2019 年 5 月 16 日，中共中央办公厅、国务院办公厅印发《数字乡村发展战略纲要》，部署了加快乡村信息基础设施建设、发展农村数字经济、繁荣发展乡村网络文化、推进乡村治理能力现代化、深化信息惠民服务、推动网络扶贫纵深发展、统筹推动城乡信息化融合发展等十项重点任务。无论是县级融媒体中心的建设，还是数字乡村发展战略的实施，都将为基层信息化建设注入新的活力，推动基层治理能力的现代化。

二 网络安全

没有网络安全就没有国家安全，就没有经济社会稳定运行，广大人民群众利益也难以得到保障。在网络安全管理方面，为保障网络安全，各级网信及相关部门按照《网络安全法》的基本要求，在个人信息保护、网络安全等级保护等方面强化网络安全管理，有针对性地重点打击电信网络诈骗等犯罪活动，并在各自职责范围内完善网络信息安全等制度性规定，比如国资委就将网络安全作为考核指标纳入中央企业负责人经营业绩考核。在网络安全立法方面，2019 年 5 月 11 日，国务院办公厅发布了《国务院 2019 年立法工作计划》，其中《密码法（草案）》《出口管制法（草案）》《关键信息基础设施安全保护条例》《公共安全视频图像信息系统管理条例》等多个立法项目涉及网络安全。在网络安全产业方面，2019 年 9 月 27 日，工信部发布《关于促进网络安全产业发展的指导意见（征求意见稿）》，指明了网络安全产业发展目标、主要任务及保障措施。

（一）日益加强个人信息保护举措

2018 年 8 月，网络上出现大量用户、自媒体传播"出售华住旗下酒店数据"的消息，数据涉及 1.3 亿人的个人信息及开房记录；2018 年 9 月，常州大学怀德学院超过 2600 名学生的个人信息遭泄，多家企业利用这些学生的个人信息捏造员工身份并虚报工资记录，意图逃税；2018 年 12 月，曾曝光国内 14 家品牌酒店清洁卫生乱象问题的博主"花总丢了金箍棒"称其护照等身份信息被泄露并在网上传播，遭遇死亡威胁。个人信息的商业价值在信息社会日益凸显，各类泄露、违规提供、违规收集和使用个人信息的案件层出不穷。为减少此类事件的发生，我国相关部门逐渐加大个人信息保护力度，各类保护措施趋严，作为民事权利的宣言书和保障书的《民法典人格权编（草案）》第六章专门设置了有关个人信息保护的规定。

第一，加强立法保护，提高个人信息保护立法的协同性。一是推进个人信息保护专门性、综合性立法工作。《个人信息保护法》作为第 61 个项目进入 2018 年 9 月 10 日公布的《十三届全国人大常委会立法规划》第一类项目，这意味着我国个人信息保护将一改以往立法相对分散的局面，出台专门立法对个人信息保护中的基础性问题、共性问题进行统一规制。2019 年 8 月 23 日，十三届全国人大常委会第十二次会议对《民法典人格权编（草案）》三审稿进行分组审议，三审稿再次完善了个人信息保护的相关规定，将自然人的"电子邮箱地址"和"行踪信息"纳入个人信息的范围；同时将第六章相关条文中的"使用"个人信息修改为"处理"个人信息，并增加规定，个人信息的处理包括个人信息的使用、加工、传输、提供、公开等。① 2019年 6 月 13 日，国家互联网信息办公室发布《个人信息出境安全评估办法（征求意见稿）》，明确指出经安全评估认定个人信息出境可能影响国家安全、损害公共利益，或者难以有效保障个人信息安全的，不得出境，这一规定如获通过，将为个人信息的跨境流通上了一道安全阀。

---

① 《民法典人格权编侵权责任编草案三审稿四大看点》，中国法院网，https：//www.chinacourt.org/article/detail/2019/08/id/4383830.shtml，最后访问时间：2019 年 9 月 29 日。

二是针对特殊行业出台专门规定。我国首部物流快递行业的法律规范《快递暂行条例》于 2018 年 5 月 1 日开始施行，该条例对个人信息保护做出专门规定，对于出售、泄露或者非法提供快递服务过程中知悉的用户信息等违法行为，最高可处罚款 10 万元。据国家邮政局统计显示，2018 年全国快递服务企业业务量累计完成 507.1 亿件，同比增长 26.6%；业务收入累计完成 6038.4 亿元，同比增长 21.8%。① 如此庞大的快递服务业务量背后的售卖用户个人信息黑色产业链着实令公众担忧，《快递暂行条例》无疑给公众吃了一颗定心丸。

三是针对特殊群体的个人信息给予特殊保护。2019 年 8 月 23 日，国家互联网信息办公室发布《儿童个人信息网络保护规定》，此前国家互联网信息办公室曾于儿童节前夕发布该规定的征求意见稿，向全社会征求意见。《儿童个人信息网络保护规定》是我国第一部针对儿童个人信息网络保护的专门立法，明确把"儿童"界定为不满 14 周岁的未成年人，采用属地原则，只要是在我国境内通过网络从事收集、存储、使用、转移、披露儿童个人信息等活动都要受到该规定的约束。

第二，引导行业合规发展，出台指引性文件提高互联网企业个人信息保护工作的规范性，指导企业完善个人信息保护措施。一类是国家标准性文件，如 2018 年 5 月 1 日，由网信办、国家质量监督检验检疫总局、全国信息安全标准化技术委员会联合发布的国家标准 GB/T 35273—2017《信息安全技术 个人信息安全规范》正式实施，为各类企业组织收集、保存、使用、共享个人信息提供具有可操作性及规范性的指引。一类是规范性指引，如 2018 年 11 月 30 日，公安部组织行业协会、高校等

---

① 《国家邮政局公布 2018 年邮政行业运行情况》，中华人民共和国国家邮政局官网，http://www.spb.gov.cn/xw/dtxx_15079/201901/t20190116_1746179.html，最后访问时间：2019 年 3 月 7 日。

研究机构的相关专家起草并发布了《互联网个人信息安全保护指引（征求意见稿）》。

表 2 - 1 　　　　　　　个人信息保护相关国家标准及指引性文件

发布时间	文件名称	发布机构	主要内容
2018 年 5 月 1 日（实施日期）	《信息安全技术　个人信息安全规范》（GB/T35273—2017）	国家质量监督检验检疫总局、中国国家标准化管理委员会	规范了开展收集、保存、使用、共享、转让、公开披露等个人信息处理活动应遵循的原则和安全要求。适用于规范各类组织个人信息处理活动以及主管监管部门、第三方评估机构等组织对个人信息处理活动进行监督、管理和评估
2018 年 10 月 10 日	《信息安全技术　公民网络电子身份标识安全技术要求　第 1 部分：读写机具安全技术要求》（GB/T36629.1—2018）	国家市场监督管理总局、中国国家标准化管理委员会	规定了公民网络电子身份标识读写机具的基本安全要求、数据初始化安全要求、密码应用管理安全要求和密钥应用服务安全要求
2018 年 10 月 10 日	《信息安全技术　公民网络电子身份标识安全技术要求　第 2 部分：载体安全技术要求》（GB/T3669.2—2018）	国家市场监督管理总局、中国国家标准化管理委员会	规定了公民网络电子身份标识载体基本安全要求、芯片操作系统和应用安全要求、载体密钥应用管理安全技术要求和载体密码应用服务安全技术要求
2018 年 10 月 10 日	《信息安全技术　公民网络电子身份标识格式规范》（GB/T36632—2018）	国家市场监督管理总局、中国国家标准化管理委员会	规定了公民网络电子身份标识的组成、密钥对产生要求、编码方法、密钥算法等内容，适用于公民网络电子身份标识相关系统的应用、设计、开发、测试等
2018 年 12 月 28 日	《信息安全技术　公民网络电子身份标识安全技术要求　第 3 部分：验证服务消息及其处理规则》（GB/T36629.3—2018）	国家市场监督管理总局、中国国家标准化管理委员会	规定了公民网络电子身份验证过程的参与方、网络电子身份标识验证服务接口的调用方式、消息格式和编码处理规则
2018 年 12 月 28 日	《信息安全技术　指纹识别系统技术要求》（GB/T37076—2018）	国家市场监督管理总局、中国国家标准化管理委员会	规定了采用指纹识别技术进行身份鉴别的指纹识别系统基本级和增强级的功能、性能、安全要求和等级划分

续表

发布时间	文件名称	发布机构	主要内容
2018 年 11 月 30 日	《互联网个人信息安全保护指引（征求意见稿）》	公安部	该指引规定了个人信息安全保护的安全管理机制、安全技术措施和业务流程的安全，能够有效指导互联网企业建立健全公民个人信息安全保护管理制度和技术措施
2019 年 2 月 1 日	《信息安全技术　个人信息安全规范（草案）》	全国信息安全标准化委员会	代替 GB/T 35273—2017《信息安全技术　个人信息安全规范》，a）"3 缩略语"中补充了"3.15 个性化展示"；b）增加了"5.3 不得强迫收集个人信息的要求"；c）修改了"5.7 征得授权同意的例外"；d）增加了"7.4 个性化展示及退出"；e）增加了"7.5 基于不同业务目所收集的个人信息的汇聚融合"；f）增加了"8.7 第三方接入管理"；g）修改了"10.1 明确责任部门与人员"；h）增加"10.2 个人信息处理活动记录"；i）修改了"资料性附录 C 保障个人信息主体选择同意权的方法"；j）增加了"附录 C.1 区分基本业务功能和扩展业务功能""C.2 基本业务功能的告知和明示同意""C.3 扩展业务功能的告知和明示同意"
2019 年 5 月 5 日	《APP 违法违规收集使用个人信息行为认定方法（征求意见稿）》	APP 专项治理工作组	明确界定了没有公开收集使用规则的情形；没有明示收集使用个人信息的目的、方式和范围的情形；未经同意收集使用个人信息的情形；违反必要性原则，收集与其提供的服务无关的个人信息的情形；未经同意向他人提供个人信息的情形；未按法律规定提供删除或更正个人信息功能的情形等六种 APP 收集使用个人信息方面的违法违规行为

　　第三，严格执法，通过约谈、专项治理等方式全面检查个人信息泄露风险高发领域，针对司法实务问题出台办案指引。与公众日常生活密切相联系的 WiFi 分享行为却潜藏着泄露个人

信息的安全隐患，公安部约谈了境内 WiFi 分享类网络应用服务企业，向境内提供服务的 119 家企业提出 5 项指导性措施要求，[①] 切实加强公民个人信息保护。2019 年 1 月 25 日，中央网信办、工信部、公安部、市场监管总局等四部门联合发布《关于开展 APP 违法违规收集使用个人信息专项治理的公告》，自 2019 年 1—12 月，中央网信办、工信部、公安部、市场监管总局决定在全国范围组织开展 APP 违法违规收集使用个人信息专项治理行动，[②] 专项行动的重点工作是对一些 APP 隐私政策和个人信息收集使用情况进行评估，加强对违法违规收集使用个人信息行为的监管和处罚，打击整治网络侵犯公民个人信息违法犯罪活动，开展 APP 个人信息安全认证等。2019 年 3 月 15 日，市场监管总局、中央网信办已经联合发布公告，开展 APP 安全认证工作。

虽然国家对个人信息保护的力度不断加大，但侵犯个人信息的犯罪行为仍旧十分猖獗。2018 年 11 月 8 日，最高人民检察院检察长张军在第五届世界互联网大会"大数据时代的个人信息保护"分论坛上的专题发言中指出，2016 年，中国检察机关起诉侵犯公民个人信息犯罪 1029 人，2017 年起诉 4407 人，2018 年 1—9 月起诉 3283 人，呈明显增长趋势。[③] 对此，2018

---

① 《公安部网络安全保卫局约谈 WiFi 分享类网络应用服务企业提出加强公民个人信息保护 5 项要求》，公安部官网，http：//www. mps. gov. cn/n2254098/n4904352/c6130352/content. html，最后访问时间：2019 年 3 月 7 日。

② 《中央网信办、工业和信息化部、公安部、市场监管总局关于开展 APP 违法违规收集使用个人信息专项治理的公告》，公安部官网，http：//www. mps. gov. cn/n2254314/n2254457/n2254466/c6382210/content. html，最后访问时间：2019 年 3 月 7 日。

③ 《张军在第五届世界互联网大会"大数据时代的个人信息保护"分论坛上的专题发言》，人民网，http：//media. people. com. cn/n1/2018/1108/c14677 - 30388773. html，最后访问时间：2019 年 3 月 7 日。

年11月9日最高人民检察院组织印发了《检察机关办理侵犯公民个人信息案件指引》，规定了"审查证据的基本要求，需要特别注意的问题，社会危险性及羁押必要性审查"等相关内容，为个人信息再上一把安全保护锁。

网络应用在公众生活中的覆盖面越来越广，对个人信息的保护一刻也不能放松。个人信息保护已不再是某个单一部门"孤军奋战"，而是正在逐步形成立法、司法、行政等多部门、多主体群策群力联合作战的新局面。

（二）完善网络安全等级保护制度

网络安全等级保护最早可以追溯至1994年国务院制定的《中华人民共和国计算机信息系统安全保护条例》，该条例第九条明确规定"计算机信息系统实行安全等级保护。安全等级的划分标准和安全等级保护的具体办法，由公安部会同有关部门制定"。此后直到2003年，中共中央办公厅、国务院办公厅在《国家信息化领导小组关于加强信息安全保障工作的意见》中明确指出，"抓紧建立信息安全等级保护制度，制定信息安全等级保护的管理办法和技术指南"。2004年公安部等多部门联合发布的《关于信息安全等级保护工作的实施意见》规定了信息安全等级保护制度的基本原则、职责分工、工作要求及实施计划。2007年《信息安全等级保护管理办法》正式出台，从等级划分与保护、等级保护的实施与管理、涉密信息系统的分级保护管理、信息安全等级保护的密码管理等方面对等级保护制度作出了较为详尽的规定，并且明确了违反等级保护相关制度的法律责任。此后又相继制定了多项国家标准和行业标准，并开展了等级保护定级工作。这一系列办法、标准及专项工作的落实大大推动了等级保护管理的规范化、体系化，开启了等级保护制度的1.0时代。

随着云计算、大数据、移动互联网、物联网、工业互联网、人工智能等新技术的不断发展，等级保护的对象不断扩大，对等级保护的要求也不断提高，2017 年 6 月 1 日实施的《网络安全法》在法律层面对等级保护制度加以确认，等级保护制度进入 2.0 时代。

2018 年，相关部门继续制定政策法规对等级保护制度体系加以完善。3 月 23 日，公安部专门制定了《网络安全等级保护测评机构管理办法》，明确规定了测评机构申请流程、测评机构及人员管理、监督管理，以推进网络安全等级保护测评工作的科学性与规范性。依据此管理办法，国家网络安全等级保护工作协调小组办公室组织开展了 2018 年度全国网络安全等级保护测评机构监督检查和测评能力验证工作，责令江苏讯安信息安全技术有限公司、天津圣目信息安全技术股份有限公司、苏州亿阳值通科技发展股份有限公司、国家信息技术安全研究中心等多家单位限期整改。

表 2 - 2　　　2018—2019 年我国网络安全等级保护制度相关文件

制定时间	文件名称	发布部门
2018 年	《网络安全等级保护测评机构管理办法》	公安部
	《信息安全技术　网络安全等级保护安全管理中心技术要求》《信息安全技术　网络安全等级保护测评机构能力要求和评估规范》《信息安全技术　网络安全等级保护测评过程指南》《信息安全技术　网络安全等级保护测试评估技术指南》	国家市场监督管理总局、国家标准化管理委员会
2019 年	《信息安全技术　网络安全等级保护基本要求》《信息安全技术　网络安全等级保护测评要求》《信息安全技术　网络安全等级保护安全设计技术要求》《网络安全信息技术　网络安全等级保护实施指南》	国家市场监督管理总局、国家标准化管理委员会

2019 年 5 月 10 日，国家市场监督管理总局、国家标准化

管理委员会正式发布三项国家标准——《信息安全技术　网络安全等级保护基本要求》《信息安全技术　网络安全等级保护测评要求》《信息安全技术　网络安全等级保护安全设计技术要求》，这三项国家标准规定了等级保护对象的安全通用要求及扩展要求、安全测评通用要求及扩展要求、安全设计技术要求，能够用于指导等级保护对象使用单位的安全建设和监督管理，不仅为等级保护测评工作提供了指南和监督检查标准，也为等级保护安全技术方案的设计和实施提供了参考。

（三）专项重点打击网络犯罪活动

习近平总书记在全国网络安全和信息化工作会议上指出，要依法严厉打击网络黑客、电信网络诈骗、侵犯公民个人隐私等违法犯罪行为，切断网络犯罪利益链条，持续形成高压态势，维护人民群众合法权益。以电信网络诈骗为例，针对电信网络诈骗中的新情况新问题，公安部、工信部、最高检、最高法通过专项打击、出台政策文件、发布典型案件等形式多管齐下，严厉惩治网络诈骗犯罪行为。

第一，依托"净网"专项行动"一案双查"，监管手段再升级。2018年2月，公安部部署全国公安机关开展为期一年的打击整治网络违法犯罪"净网2018"专项行动，对传播违法犯罪信息、部分互联网企业不认真履行网络安全管理义务、网络黑灰产业等进行了专项重点打击。此次专项行动组织侦破各类网络犯罪案件5.7万余起，抓获犯罪嫌疑人8.3万余名，行政处罚互联网企业及联网单位3.4万余家，清理违法犯罪信息429万余条。在"净网2018"专项行动中，针对网络乱象，公安机关还实行了"一案双查"制度，即在对网络违法犯罪案件开展侦破调查工作时，同步启动对涉案网络服务提供者法定网络安全义务履行情况的监督检查。①

表 2 - 3　　　　　　公安部"净网 2018""净网 2019"典型案例②

案件名称	基本案情
上海华住酒店集团信息被窃取案	2018 年 8 月，一网民在暗网出售上海华住酒店集团（以下简称"华住"）旗下 5 亿条酒店会员数据，引起社会广泛关注。上海市公安局高度重视，成立专案组开展侦查。9 月 7 日，经过 12 个昼夜的连续奋战，上海公安机关打掉窃取公民个人信息并对华住集团实施敲诈的职业黑客犯罪团伙，抓获刘某某等 3 名犯罪嫌疑人
辽宁铁岭黄某等人侵犯公民个人信息案	2018 年初，辽宁省公安厅网安总队在侦办一起侵犯公民信息案件时发现，以黄某为首的犯罪团伙涉嫌窃取公民个人信息并实施网络盗窃、信用卡诈骗等犯罪活动。辽宁网安总队遂即会同铁岭市公安局成立专案组开展全面侦查工作，锁定 40 名主要犯罪嫌疑人，涉案金额 3.4 亿余元。4 月 21 日，辽宁公安机关派出 40 个抓捕组，分赴福建、广东、广西等 6 省 13 市开展抓捕行动，一举抓获犯罪嫌疑人 40 名，当场查获赃款 838 万余元，扣押涉案车辆及电脑、银行卡等大批作案工具
江苏南通王某军等人组织考试舞弊案	2017 年国家一级建造师考试结束后，一考生向公安机关报案称有人在该考试中舞弊。部分省市考试主管部门和公安机关陆续在考试期间查获考生携带"小抄"作弊。公安部网安局高度重视，部署江苏、安徽、广西等地网安部门立案侦查。各地公安机关循线追踪、层层深挖，截至 2018 年 9 月，打掉网上组织考试作弊团伙 50 余个，抓获王某军等犯罪嫌疑人 100 余名

① 《公安机关对网络违法犯罪案件实行"一案双查"　公安部公布 9 起打击整治网络乱象典型案例》，公安部官网，http：//www. mps. gov. cn/n2254314/n2254487/c6291654/content. html，最后访问时间：2019 年 3 月 7 日。

② 本表案例均来自公安部官方网站。其中，案例 1—10 参见《公安部"净网 2018"专项行动取得显著成效》，公安部官网，http：//www. mps. gov. cn/n2253534/n2253535/c6422823/content. html，最后访问时间：2019 年 3 月 21 日。案例 11—13 参见《公安部发布会：通报"净网 2019"专项行动典型案例》，公安部官网，http：//www. mps. gov. cn/n2254536/n2254544/n2254552/n6528162/index. html，最后访问时间：2019 年 9 月 29 日。

续表

案件名称	基本案情
北京赵某等人网络组织招嫖案	2018年5月，北京网安总队工作发现，多家非法网站向网民投放卖淫场所及"兼职楼凤"等违法信息，赚取广告费、会员费，个别网站收入达数十万元。北京市公安局高度重视，立即成立专案组全面开展工作。经缜密侦查，专案组锁定"北京玩耍论坛"等8个规模较大的网络招嫖网站。2018年6月，专案组开展收网行动，抓获线下组织、介绍卖淫等148名违法犯罪嫌疑人
浙江嘉兴"MAX"APP传播淫秽物品案	2017年10月，浙江嘉兴市公安局接群众举报，手机APP"MAX"涉黄。该APP聚合了"小清新""偶遇""懂小姐""小美"等110多个色情直播频道，存储数十万部淫秽色情视频，通过层层发展代理、招揽用户购买会员的方式非法牟利，向我境内280多万名会员传播淫秽物品。2018年5月，专案组在境外抓获18名平台运营者，在境内抓获平台老板等7名主要犯罪嫌疑人
江苏徐州登辰网络技术有限公司提供侵入、破坏计算机信息系统程序、工具案	2017年12月，江苏徐州市公安局网安支队侦查发现一境内外相互勾连、使用黑客工具、利用某网络商城漏洞实施网络犯罪的网络团伙。受害单位涉及50余家企业，涉案金额达上亿元。专案组先后抓获犯罪嫌疑人60余名，扣押涉案电脑76台、手机468部
江苏常州陈某等人跨国开设网络赌场案	2018年4月，江苏公安厅网安总队工作发现，天地棋牌平台运营"斗地主""诈金花""德州扑克"等8种棋牌类游戏并提供线下兑付，涉嫌开设赌场。经侦查，运营赌博网站的犯罪团伙在境外。江苏公安机关分别在境外和北京、上海、广东等22省（市）抓获犯罪嫌疑人96名，冻结涉案资金1200余万元，彻底打掉这一特大跨国网络赌博犯罪团伙
四川达州冯某海侵犯公民个人信息案	2018年2月，四川达州公安机关接群众举报称，达州火车站周边有"黄牛"利用互联网倒卖火车票。四川公安机关高度重视，立案侦查，发现了一条由公民个人信息的提供者、12306账号的非法注册买卖者、利用软件和12306非法账号抢票倒票团伙组成的黑色产业链。同年3月，专案组开展收网行动，抓获主要犯罪嫌疑人7名，查获抢票软件6个、公民个人信息2000余万条
山东济宁赵某勇侵犯公民个人信息案	2018年3月，山东济宁公安机关工作发现，一网民在网络即时通讯群组向他人出售宾馆摄像头观看账号。济宁公安机关高度重视，立案侦查，发现了一条包括非法在宾馆架设摄像头、账号代理和观看者等人员组成的黑色产业链。主要犯罪嫌疑人通过互联网购买智能摄像头后，拆下摄像头外壳改装成隐蔽摄像头，安装在宾馆吊灯、空调等隐蔽处，通过手机下载的智能摄像头APP软件收看、管理摄像头的回传画面，同时将回传画面中的裸体等不雅镜头截屏发给账号代理，账号代理通过微信、QQ发布截图吸引网民购买观看账号。专案组随后开展抓捕行动，抓获犯罪嫌疑人25名，扣押摄像头300余个、手机64部

续表

案件名称	基本案情
福建莆田刘某炜"网络水军"团伙寻衅滋事案	2018 年，福建莆田市公安局网安支队发现，刘某自建网站发布虚假信息牟利，随后深入侦查发现了由金主（当事人）—网记（写手）—网络公关—网站管理员（网站编辑）组成的"网络水军"利益链，涉案人员数十人。刘某自建 100 余家境内外网站，通过 QQ、微信接单，在收到网络公关发送的负面稿件或需转载的文章链接后，有偿将稿件或链接发布或转载到自己掌握的网站，获利近 40 万元。专案组对涉案人员进行抓捕，刘某炜等 5 名主要涉案人员被公安机关采取刑事强制措施
北京公安机关网安部门破获利用软件恶意抢占医院号源案	2018 年 12 月，北京公安机关网安部门接群众报案，"京医通"挂号平台中北京部分知名医院号源一经放出即被"秒抢"，后台访问量激增，患者无法通过此渠道正常挂号。为维护人民群众正常就医秩序，保障合法医疗权利，北京公安机关网安部门立即对此情况开展调查，发现一个利用恶意软件绕过正常验证机制非法抢占号源的犯罪团伙。经缜密侦查，2019 年 1 月 10 日，办案民警在北京、河南、山西、云南等地将高某等 4 名主要犯罪嫌疑人抓获。目前，该 4 人因涉嫌破坏计算机信息系统已被依法批准逮捕 为追查幕后源头，北京公安机关网安部门继续深挖扩线，4 月 15 日在广东揭阳将非法制作、传播该恶意软件的某软件公司负责人李某某等 4 名犯罪嫌疑人抓获，并以破坏计算机信息系统罪依法予以刑事拘留
浙江公安机关网安部门成功预警上百起网约暴力刑事犯罪案	2019 年 2 月 24 日，浙江嘉兴公安机关网安部门工作发现，一河北网民李某网上雇佣贵州网民赖某前往河北省廊坊市文安县预谋杀害一名男子。经进一步侦查发现，杀手赖某已到达文安县伺机作案，受害人生命安全受到严重威胁。对此，公安部网安局高度重视，立即将该线索通报河北廊坊公安机关网安部门。廊坊公安机关网安部门随即开展侦查，迅速查明李某、赖某 2 人活动轨迹，于 2 月 25 日凌晨在文安县将 2 人成功抓获。经审讯，赖某等人对预谋实施杀人的犯罪行为供认不讳
福建公安机关网安部门侦破北京某公司帮助信息网络犯罪活动案	2018 年 5 月，福建公安机关网安部门工作发现，以肖某等人为首的犯罪团伙大肆利用非法"第四方支付"平台帮助境外赌博网站进行"洗钱"活动，随即成立专案组开展立案侦查，迅速查明为肖某团伙提供非法资金结算通道的系北京某科技公司。该公司无正规注册的第三方支付平台牌照，利用肖某提供的"四件套"（包括银行卡、手机卡、身份证、密码器）等公民信息批量注册支付宝、财付通等网络支付账号，搭建多个非法支付平台，帮助肖某团伙大肆进行"洗钱"违法犯罪活动，并从中抽取千分之二至千分之五的佣金。2018 年 12 月至 2019 年 1 月，专案组在福建、北京、河北等地陆续开展收网行动，抓获公司股东倪某等主要犯罪嫌疑人 42 名，冻结涉案资金 580 余万元，一举捣毁了为网络黑灰产业提供资金通道的"第四方支付"平台

第二，强化责任，科学应对，主管部门、互联网企业等联合防范打击通讯信息诈骗。2018 年 6 月，工信部印发了《关于纵深推进防范打击通讯信息诈骗工作的通知》，该通知坚持以人民为中心的发展思想，明确了九项重点任务，提出要进一步抓好企业主体责任和行业监管责任这"两个责任"的落实，推动网络诈骗治理向互联网延伸、向境外治理延伸、向新兴领域延伸，并且要强化检查通报机制、监测预警机制、技术系统应用拓展机制、协同联动机制四项重大机制。

2018 年 11 月 29 日召开了全国打击治理电信网络新型违法犯罪工作电视电话会议，会议决定从 2018 年 12 月起到 2019 年底，在全国范围内组织开展为期一年的新一轮打击治理电信网络违法犯罪专项行动。2019 年 7 月 9 日，工信部网络安全管理局会同公安部刑事侦查局、中央网信办网络综合协调管理和执法督查局，在中国互联网大会"2019 防范治理电信网络诈骗论坛"上，组织阿里巴巴、腾讯、百度、京东、字节跳动、拼多多、新浪微博、58 同城、美团、世纪佳缘、网宿科技 11 家企业，签订《重点互联网企业防范治理电信网络诈骗责任书》，进一步压实企业主体责任。[①]

2019 年 3 月 25 日，中国人民银行印发《关于进一步加强支付结算管理　防范电信网络新型违法犯罪有关事项的通知》，强调要健全紧急止付和快速冻结机制，加强用户实名制及转账管理，强化特约商户与受理终端管理，通过设置提示、开展宣传活动等对防范电信网络新型违法犯罪进行广泛教育，严格落实责任追究机制。

第三，制定办案指引，发布典型案例，联合筑墙震慑网络

---

① 《工业和信息化部会同相关部门组织重点互联网企业签订防范治理电信网络诈骗责任书》，工业和信息化部官网，http：//www. miit. gov. cn/n1146285/n1146352/n3054355/n3057724/n3057728/c7029469/content. html，最后访问时间：2019 年 9 月 29 日。

犯罪。2018 年 9 月 18 日，互联网安全与治理论坛发布了 10 个公安机关打击网络违法犯罪典型案例，涉及侵犯公民个人信息、组织网络赌博、通过网络传播淫秽色情、组织跨国卖淫和微信交友诈骗等。① 2018 年 11 月 9 日，最高人民检察院公布了《检察机关办理电信网络诈骗案件指引》，该指引对电信网络诈骗犯罪作出了明确界定，并且明确了审查证据的基本要求，同时还指出了在电信网络诈骗案件审查逮捕、审查起诉中需要特别注意的问题。2018 年 12 月 25 日，最高人民法院发布了第 20 批共 5 件指导性案例，均为涉及网络犯罪的指导性案例，涵盖破坏计算机信息系统、网上开设赌场等犯罪行为。

表 2-4　　　　　　　最高人民法院发布网络犯罪指导性案例②

案件名称	典型意义
102 号《付宣豪、黄子超破坏计算机信息系统案》	旨在明确"DNS 劫持"行为，破坏计算机信息系统功能，达到后果严重程度的，构成破坏计算机信息系统罪。"DNS 劫持"通过篡改域名解析，使网络用户无法访问原 IP 地址对应的网站或者访问虚假网站，从而实现窃取数据资料或者破坏网站原有正常服务的目的。这种犯罪行为在实践中较为常见，发布该案例，对类似案件的审判具有指导意义
103 号《徐强破坏计算机信息系统案》	旨在明确企业的机械远程监控系统属于计算机信息系统。违反国家规定，对企业的机械远程监控系统功能进行破坏，造成计算机信息系统不能正常运行，后果严重的，构成破坏计算机信息系统罪。发布该案例，有利于明确类似案件定罪量刑标准，依法有效维护企业财产权益
104 号《李森、何利民、张锋勃等人破坏计算机信息系统案》	旨在明确环境质量监测系统属于计算机信息系统。用棉纱等物品堵塞环境监测采样器，干扰采样，造成监测数据失真的，属于破坏计算机信息系统，后果严重的，应以破坏计算机信息系统罪定罪量刑。该案系国内首例此类案件，既具有法律适用方面的指导意义，也具有法律宣传教育意义

① 《公安机关发布十个打击网络违法犯罪典型案例》，公安部官网，http://www. mps. gov. cn/n2255079/n4242954/n4841045/n4841055/c6249889/content. html，最后访问时间：2019 年 10 月 25 日。

② 《最高人民法院发布第 20 批指导性案例》，中国法院网，http://www. chinacourl. org/index. php/article/detail/2018/12/id/3620092. shtml，最后访问时间：2019 年 10 月 25 日。

续表

案件名称	典型意义
105 号《洪小强、洪礼沃、洪清泉、李志荣开设赌场案》	旨在明确以营利为目的,通过邀请人员加入微信群的方式招揽赌客,通过竞猜游戏网站的开奖结果等方式,以押大小、单双等方式进行赌博,利用微信群进行控制管理,在一段时间内持续组织网络赌博活动的行为,属于刑法第三百零三条第二款规定的"开设赌场"。该案例对于利用微信群作为平台开设赌场的性质认定予以明确,对于司法实践正确处理类似案件具有指导意义
106 号《谢检军、高垒、高尔樵、杨泽彬开设赌场案》	旨在明确以营利为目的,通过邀请人员加入微信群的方式招揽赌客,并利用微信群进行控制管理,根据设定的赌博规则,以抢红包方式,在一段时间内持续组织网络赌博活动的行为,属于刑法第三百零三条第二款规定的"开设赌场"。近年来,利用微信群以抢红包的方式开设赌场的案件屡见不鲜,危害严重。发布该案例,既能指导司法机关依法办理类似案件,也能教育引导社会公众遵纪守法,同时也有助于促进完善网络管理

表 2 - 5　　　　公安机关发布十个打击网络违法犯罪典型案例①

浙江桐乡公安机关破获杨某等人侵犯公民个人信息案	2018 年 4 月,桐乡公安机关查获一流窜浙江、江苏、广东等地作案 2000 余起、非法牟利 160 余万元的犯罪团伙,抓获主要犯罪嫌疑人 49 名,查获非法侵犯公民个人信息 30 余万条。2017 年 10 月,桐乡公安机关在侦办一起"酒托"诈骗案件过程中,深挖发现犯罪嫌疑人杨某、黄某等人自 2017 年 3 月以来,先后通过网络公开招募 400 余名"机房""键盘手",非法获取大量公民个人信息并用于实施"酒托"诈骗活动
福建莆田公安机关侦破石某等人侵犯公民个人信息案	2018 年 5 月,莆田公安机关摧毁一个以石某为首、近 20 个下线代理、涉及全国 12 个省市、网上贩卖近 1000 万条行业类个人信息的犯罪团伙,抓获犯罪嫌疑人 7 名。2017 年 10 月,福建省莆田市公安局城厢分局在侦查一起诈骗案时,查获福州某公司 2017 年 4—10 月通过代理多个虚假云商城平台实施诈骗,获利 200 余万元。据该公司经理陈某交代,其通过石某在网上购买个人信息 1 万余条。侦查发现,石某在网上贩卖的近 1000 万条行业类个人信息,主要被用来实施网络诈骗和进行期货、股票推广等活动

---

① 《公安机关发布十个打击网络违法犯罪典型案例》,公安部官网,http://www.mps.gov.cn/n2255079/n4242954/n4841045/n4841055/c6249889/content.html,最后访问时间:2019 年 10 月 25 日。

四川广元公安机关破获吴某等人组织网络赌博案	2018年5月,广元公安机关抓获吴某等20名涉嫌开设赌场嫌疑人,成功在四川、云南、黑龙江等地打掉赌博窝点各1个,打掉非法提供赌博软件源头1个,涉赌资金流水10亿余元。经查,2019年3月,广元公安机关接上级公安机关通报,辖区的吴某、孙某、蹇某等人利用QQ群组在网上组织赌博,通过邀请参赌人员进群、群内"发红包"的方式下注实施赌博,并利用赌博控制软件自动统计下注人员输赢情况及赔率
北京公安机关侦破李某等人利用微信群开设赌场案	2018年5月,北京公安机关成功侦破李某、王某等人利用微信群开设赌场案,摧毁一条包括赌客、组织者、专门赌博工具出售及研发、上线庄家在内的彩票类网络赌博的完整犯罪链条,打掉网络赌博团伙7个,抓获犯罪嫌疑人53名。根据北京公安机关摸排的线索,全国共打掉网络赌博团伙61个,抓获犯罪嫌疑人202名,涉及21个省市。2018年1月,北京公安机关在工作中发现,有人利用微信群召集赌客,依托境外赌博网站私设坐庄,以正规福彩实时开奖数据为彩头、以远高于正规福利彩票的赔率进行外围赌博。经查,李某、王某等人通过互联网向周某、罗某等软件代理商购买专门赌博工具,同时与境外赌博网站的境内代理人李某某团伙进行勾连,通过组建微信群,召集赌客进行网络赌博
福建永春公安机关侦破黄某等人网络赌博案	2018年5月,福建永春公安机关成功破获一起以黄某为首,涉及福建、广东、台湾等地的网络赌博案,抓获犯罪嫌疑人25名,涉案金额达111亿元。2018年3月,公安机关工作中发现,有人利用互联网开设赌博网站。经查,黄某、罗某、颜某3人合谋在互联网上开设赌博网站,通过管理员账号对网站实际管理控制,该团伙下设多个层级,招收代理数百人、会员数千人,形成各层级权限分明扩散式的赌博组织
广东深圳公安机关破获尹某等人开设赌场案	2018年5月,深圳公安机关破获一起涉及湖北、广东、福建、浙江、重庆等地通过网络跨境勾连,利用APP平台和勾结APP经营公司为"赌客"提供兑换"游戏币"服务获利的网络赌博案,抓获尹某等犯罪嫌疑人158名。2018年4月,根据获得线索,深圳市网安部门对深圳市3家公司旗下的"口袋德州扑克"等多款APP涉嫌从事网络赌博活动或为网络赌博提供便利条件的情况开展侦查,通过分析研判、扩线深挖,摧毁了该类游戏APP平台中专门为"赌客"提供虚拟货币变现服务、从中赚取差价牟利变相实施网络赌博的团伙
湖北鄂州公安机关破获刘某等人网络赌博案	2018年5月,鄂州公安机关侦破一起特大网络赌博案,抓获刘某等18名犯罪嫌疑人,涉赌金额5亿余元,涉赌人员达数千人。2018年4月,鄂州公安机关接到群众举报,称有人租用多处写字楼在网上组织赌博活动,并招聘员工上网拉人头在境外网站注册进行赌博活动。经查,该团伙代理有多个博彩网站,开发多款手机APP下注客户端,通过QQ、微信朋友圈在网上大肆发展下线会员参赌盈利,每月全国范围内的涉赌资金流出达亿元,并经专业的"地下钱庄"洗钱变现

续表

浙江松阳公安机关破获刘某等人开办直播平台传播淫秽色情案	2018年3月，松阳公安机关破获一起开设直播平台从事淫秽表演案，抓获刘某等14名犯罪嫌疑人，捣毁涉黄直播平台5个，冻结资金400余万元。2018年2月，松阳网安部门通过网上巡查发现，辖区内的"流沙"直播平台存在淫秽色情表演违法犯罪行为。经查，刘某等犯罪嫌疑人建立"流沙""浪子""旺旺""嗨猫""夜猫"5个直播平台，通过组织淫秽表演、传播淫秽视频进行牟利
广西南宁公安机关侦破杨某等人组织跨国卖淫案	2018年3月，南宁公安机关破获一起通过网络组织的跨国卖淫案，抓获嫌疑人23名。2018年1月，南宁公安机关工作中发现，杨某等人雇佣他人利用微信招嫖并组织外籍卖淫女从事卖淫活动。经查，该团伙组织严密，分工明确，通过微信与外籍人员勾连，接收外籍卖淫女到国内不同城市，安排酒店、食宿等，并雇佣人员在微信大肆发送招嫖信息，通过网络支付收取嫖资牟利
浙江绍兴上虞公安机关查破巫某等人微信交友诈骗案	2018年5月，绍兴上虞公安机关成功破获一起以交友为名的系列跨省诈骗案，抓获犯罪嫌疑人158名。2017年12月，绍兴市公安局上虞分局曹娥派出所接群众举报，称其在微信上通过别人推荐加好友，被对方以"家里人做手术差钱"等方式诈骗5000余元。经查，犯罪嫌疑人巫某、周某等人自2017年8月份开始，以开办贸易公司为由，招募大量业务员，冒充漂亮女性在微信上大量添加男性受害人，后通过家里人生病、过生日等固定诈骗剧本实施诈骗，受害人涉及河北、山东、四川、安徽、云南、河北、广西、浙江等省份，涉案金额900余万元

（四）国家标准与规范指引双管齐下

2018—2019年，全国信息安全标准化技术委员会归口的数十项国家标准正式发布，内容涉及电子政务信息安全、工业互联网安全、密码应用、信息技术产品安全可控评价指标、等级保护等多个领域。多项信息安全技术相关国家标准的发布，能够有效改善我国某些领域信息安全立法性文件相对不足的境况，为政府监管、企业合规、公民自律提供了一定的"软规则"参考。

表2-6　　　　　2018—2019年我国出台的网络安全相关国家标准

实施日期	文件名称
2018年12月28日	GB/T 15851.3—2018《信息技术　安全技术　带消息恢复的数字签名方案　第3部分：基于离散对数的机制》，代替标准号：GB/T 15851—1995
2018年12月28日	GB/T 28449—2018《信息安全技术　网络安全等级保护测评过程指南》，代替标准号：GB/T 28449—2012
2018年12月28日	GB/T 36629.3—2018《信息安全技术　公民网络电子身份标识安全技术要求　第3部分：验证服务消息及其处理规则》
2018年12月28日	GB/T 36958—2018《信息安全技术　网络安全等级保护安全管理中心技术要求》
2018年12月28日	GB/T 36959—2018《信息安全技术　网络安全等级保护测评机构能力要求和评估规范》
2018年12月28日	GB/T 37002—2018《信息安全技术　电子邮件系统安全技术要求》
2018年12月28日	GB/T 37024—2018《信息安全技术　物联网感知层网关安全技术要求》
2018年12月28日	GB/T 37025—2018《信息安全技术　物联网数据传输安全技术要求》
2018年12月28日	GB/T 37027—2018《信息安全技术　网络攻击定义及描述规范》
2018年12月28日	GB/T 37044—2018《信息安全技术　物联网安全参考模型及通用要求》
2018年12月28日	GB/T 37094—2018《信息安全技术　办公信息系统安全管理要求》
2018年12月28日	GB/T 37095—2018《信息安全技术　办公信息系统安全基本技术要求》
2019年1月1日	GB/T 20518—2018《信息安全技术　公钥基础设施　数字证书格式》，代替标准号：GB/T 20518—2006
2019年1月1日	GB/T 25056—2018《信息安全技术　证书认证系统密码及其相关安全技术规范》，代替标准号：GB/T 25056—2010
2019年1月1日	GB/T 36322—2018《信息安全技术　密码设备应用接口规范》
2019年1月1日	GB/T 36323—2018《信息安全技术　工业控制系统安全管理基本要求》

续表

实施日期	文件名称
2019 年 1 月 1 日	GB/T 36324—2018《信息安全技术　工业控制系统信息安全分级规范》
2019 年 1 月 1 日	GB/T 36466—2018《信息安全技术　工业控制系统风险评估实施指南》
2019 年 1 月 1 日	GB/T 36470—2018《信息安全技术　工业控制系统现场测控设备通用安全功能要求》
2019 年 4 月 1 日	GB/T 15843.6—2018《信息技术　安全技术　实体鉴别　第 6 部分：采用人工数据传递的机制》
2019 年 4 月 1 日	GB/T 34953.2—2018《信息技术　安全技术　匿名实体鉴别　第 2 部分：基于群组公钥签名的机制》
2019 年 4 月 1 日	GB/T 36618—2018《信息安全技术　金融信息服务安全规范》
2019 年 4 月 1 日	GB/T 36619—2018《信息安全技术　政务和公益机构域名命名规范》
2019 年 4 月 1 日	GB/T 36624—2018《信息技术　安全技术　可鉴别的加密机制》
2019 年 4 月 1 日	GB/T 36626—2018《信息安全技术　信息系统安全运维管理指南》
2019 年 4 月 1 日	GB/T 36627—2018《信息安全技术　网络安全等级保护测试评估技术指南》
2019 年 4 月 1 日	GB/T 36630.1—2018《信息安全技术　信息技术产品安全可控评价指标　第 1 部分：总则》
2019 年 5 月 6 日	《网络关键设备和网络安全专用产品相关国家标准要求（征求意见稿）》
2019 年 6 月 1 日	《网络安全实践指南——移动互联网应用基本业务功能必要信息规范（V1.0）》
2019 年 6 月 25 日	《信息安全技术　个人信息安全规范（征求意见稿）》
2019 年 6 月 25 日	《信息安全技术　个人信息安全工程指南（征求意见稿）》

　　除了国家标准这种柔性规则，国家还出台了具有强制力的硬性规定，从网络安全监督检查、网络安全审查、网络关键设备安全检测、云计算服务安全评估等方面进行立法规范，确保网络空间的安全可靠。

表 2 – 7　　　　　　　　　网络安全相关规范性文件

发布时间	文件名称	发布机构	主要内容
2018 年 9 月 15 日	《公安机关互联网安全监督检查规定》	公安部	该规定赋予了公安机关依法对互联网服务提供者和联网使用单位履行法律、行政法规规定的网络安全义务情况进行安全监督检查的权力，明确了监督检查对象、内容、程序等，并规定了互联网服务提供者和联网使用单位存在违法行为的法律责任
2019 年 5 月 21 日	《网络安全审查办法（征求意见稿）》	国家互联网信息办公室	关键信息基础设施运营者在采购影响或可能影响国家安全的网络产品和服务时应当进行网络安全审查，明确了要建立网络安全审查工作机制，规定了需要申报网络安全审查的具体情形及审查流程等
2019 年 6 月 5 日	《网络关键设备安全检测实施办法（征求意见稿）》	工业和信息化部	规定了网络关键设备安全检测管理流程、生产企业、检测机构的责任和义务、监督管理
2019 年 7 月 2 日	《云计算服务安全评估办法》	国家互联网信息办公室、国家发展和改革委员会、工业和信息化部、财政部	明确要建立云计算服务安全评估工作协调机制，规定了云计算服务安全评估重点评估的内容、云服务商申请安全评估的流程等

（五）加强网络安全漏洞管理

利用网络安全漏洞进行的网络攻击、网络盗窃、网络诈骗等违法犯罪活动越来越多，给公众造成了重大损失，社会危害性极其严重。2019 年上半年，在国家信息安全漏洞共享平台收录的漏洞中，应用程序漏洞占 56.2%，Web 应用漏洞占 24.9%，操作系统漏洞占 8.3%，网络设备（如路由器、交换机等）漏洞占 7.6%，数据库漏洞占 1.8%，安全产品（如防火墙、入侵检测系统等）漏洞占 1.2%。① 2019 年 6 月 18 日，工信部发布的《网络安全漏洞管理规定（征求意见稿）》，规定了不同主体在发现或获知网络安全漏洞后以及向社会发布漏洞信息的过程中应当承担的义务，用以规范网络安全漏洞报告和信息发布等行为，保证网络产品、服务、系统的漏洞得到及时修补。7 月 8 日，国家工业信息安全漏洞库正式上线。

① 《2019 年上半年我国互联网网络安全态势》，中共中央网络安全和信息化委员会办公室官网，http：//www.cac.gov.cn/2019 - 08/13/c_1124871484.htm，最后访问时间：2019 年 9 月 29 日。

三　内容治理

2019 年 7 月 24 日，习近平总书记主持召开了中央全面深化改革委员会第九次会议并发表重要讲话，会议审议通过了《关于加快建立网络综合治理体系的意见》，会议还强调，要坚持系统性谋划、综合性治理、体系化推进，逐步建立起涵盖领导管理、正能量传播、内容管控、社会协同、网络法治、技术治网等各方面的网络综合治理体系，全方位提升网络综合治理能力。2018—2019 年，网信部门在内容治理方面延续以往的立法思路，全面落实党的十九大重要部署，坚持引导与监管并重。一是把握互联网内容生产与传播规律，逐步实现对不同形式信息服务活动的全面监管；二是适应时代发展变化，对传统立法对象的保护延伸到网络空间，强化网络监管责任；三是针对互联网应用及技术发展中的新问题，及时出台规制措施引导其规范发展，立法重点体现在对网络直播、短视频等网络视听类节目以及区块链信息服务活动的监管；四是进一步强化平台在信息内容安全管理方面的责任，出台国家标准将信息内容与信息发布者进行"绑定"，确保网络信息可以追根溯源，提高网络内容治理的有效性；五是重点领域执法行动常态化，对网络违规内容频发的平台、话题进行专项治理。

（一）不同形式信息服务全面监管

第一，加强对不同形式各类平台的全面监管。自 2014 年成立至今，国家网信办通过出台部门规章、规范性文件等不断加强网络内容治理，内容涵盖互联网新闻信息服务、网信执法程序、网络产品和服务安全审查等多个方面，监管对象涉及即时通信工具、搜索服务、移动应用程序、直播服务、论坛社区、跟帖评论、群组、公众账号等多种形式的信息服务活动。2018年，国家网信办通过《微博客信息服务管理规定》，基本实现了对当前主要信息服务活动的全面监管。《微博客信息服务管理规定》共十八条，包括微博客服务提供者主体责任、真实身份信息认证、分级分类管理、辟谣机制、行业自律、社会监督及行政管理等条款。

鉴于微博客等形式的社交平台或自媒体平台能够将碎片化的信息进行集聚，影响热点话题的舆论走向，使此类平台具有一定的舆论属性或社会动员能力。2018年11月15日，国家网信办联合公安部制定发布《具有社会舆论属性或社会动员能力的互联网信息服务安全评估规定》，加强对具有舆论属性或社会动员能力的互联网信息服务和相关新技术新应用的安全管理。

第二，针对花样新出的网络视听类节目进行重点监管。2018年初，直播答题迅速走红，但一些网络平台在视听节目直播资质、内容审核机制、内容导向等方面却存在诸多问题。随之而来的是原国家新闻出版广电总局、工业和信息化部、公安部、文化和旅游部、国家网信办等多个部门或单独或联合通过下发通知、约谈等形式密集整顿网络视听类节目。一是严格规制管控低俗炒作、不良有害视听节目；二是鼓励优质内容生产，引导此类节目在内容生产中坚持正确导向；三是要求平台采取技术手段对青少年群体加以特殊保护。2019年3月28日，国家网信办指导组织"抖音""快手""火山小视频"等短视频平台试点上线"青少年防沉迷系统"。两个月后，国家网信办统筹指导哔哩哔哩、秒拍、微视、A站、美拍、梨视频、第一视频、微博等14家短视频平台，以及腾讯视频、爱奇艺、优酷、PP 视频 4 家网络视频平台,统一上线"青少年防沉迷系统"。① 可见,2018—2019 年,网络视听类节目在流量迅猛增长的同时,也面临着行业监管力度和密度的空前加大。

除了主管部门严加监管,中国网络视听节目服务协会作为行业组织也积极推动制定行业自律规范,引导会员单位合规经营。2019 年 1 月 9 日,中国网络视听节目服务协会在其官网上发布《网络短视频平台管理规范》和《网络短视频内容审核标准细则》,引导开展短视频服务的网络平台提升短视频内容质量。其中,《网络短视频平台管理规范》从总体规范、上传(合作)账户管理规范、内容管理规范、技术管理规范四个方面对平台规范经营提出了要求。《网络短视频内容审核标准细则》则针对内容审核中的突出问题制定了网络短视频内容审核基本标准和网络短视频内容审核具体细则共计 100 条,大大提升了审核人员在内容审核上的可操作性。但是,其过于严苛细碎的标准,也引发了一些争议。

表 3 - 1　　　　　2018 年网络视听节目内容监管相关文件

时间	发布部门	文件名称	主要内容
2018 年 2 月 14 日	原国家新闻出版广电总局	《加强网络直播答题节目管理》	未持有《信息网络传播视听节目许可证》的任何机构和个人,一律不得开办网络直播答题节目
2018 年 3 月 16 日	原国家新闻出版广电总局办公厅	《关于进一步规范网络视听节目传播秩序的通知》	规定坚决禁止非法抓取、剪拼改编视听节目的行为,加强网上片花、预告片等视听节目管理,加强对各类节目接受冠名、赞助的管理,严格落实属地管理责任

① 《网络视频平台全面推行青少年防沉迷系统》,中共中央网络安全和信息化委员会办公室官网,http://www.cac.gov.cn/2019 - 05/28/c_1124550009.htm,最后访问时间:2019 年 9 月 29 日。

续表

时间	部门	文件名称	主要内容
2018 年 8 月 1 日	全国"扫黄打非"办公室会同工业和信息化部、公安部、文化和旅游部、国家广播电视总局、国家互联网信息办公室	《关于加强网络直播服务管理工作的通知》	首次明确了行业监管中网络直播服务提供者、网络接入服务提供者、应用商店等各自的责任，推动互联网企业严格履行主体责任，突出对网络直播行业的基础管理，细化了直播行业相关规定的执行标准①
2018 年 11 月 19 日	国家广播电视总局	《关于进一步加强广播电视和网络视听文艺节目管理的通知》	一、牢牢把握正确的政治方向，强化价值引领。二、坚持以人民为中心的创作导向，坚决遏制追星炒星、泛娱乐化等不良倾向。三、鼓励以优质内容取胜，不断创新节目形式，严格控制嘉宾片酬。四、加大电视剧网络剧（含网络电影）治理力度，促进行业良性发展。五、坚持同一标准、同一尺度，维护广播电视与网络视听节目的健康有序发展。六、加强收视率（点击率）调查数据使用管理，坚决打击收视率（点击率）造假行为。七、落实意识形态工作责任制，强化主管主办责任和属地管理责任

（二）传统立法规制契合时代特点

2018 年 5 月 1 日，《中华人民共和国英雄烈士保护法》正式施行，该法紧跟互联网时代发展特点，要求互联网信息服务提供者应当通过播放或者刊登英雄烈士题材作品、发布公益广告、开设专栏等方式，广泛宣传英雄烈士事迹和精神，同时还

---

① 《六部门联合发布通知：加强网络直播行业基础管理》，中国政府网，http：//www. gov. cn/xinwen/2018 – 08/21/content_ 5315259. htm，最后访问时间：2019 年 9 月 29 日。

规定了相关主体对网络空间中发布以侮辱、诽谤或者其他方式侵害英雄烈士的姓名、肖像、名誉、荣誉等信息的监管责任。网信部门依据该法约谈了属地网站、互联网平台，要求各公司对运营的网站、平台中存在的侮辱英烈的用户进行清理，对存在歪曲、丑化、侮辱英烈形象的违法违规行为进行限期整改，积极倡导营造保护和尊崇英烈的清朗网络空间。2018年5月8日，自媒体"暴走漫画"在"今日头条"等平台发布了一段时长58秒、含有戏谑侮辱董存瑞烈士和叶挺烈士内容的短视频，引发网友抵制，后"暴走漫画"被全互联网平台永久下架、封停。2018年5月17日，北京市网信办、市新闻出版广电局、市公安局、市文化市场行政执法总队依法联合约谈属地重点网站，责令网站严格贯彻落实《中华人民共和国英雄烈士保护法》，切实履行主体责任，采取有效措施坚决抵制网上歪曲、丑化、侮辱英烈形象的违法违规行为，大力弘扬社会主义核心价值观。2018年7月1日，国家网信办指导北京市网信办会同北京市工商局，约谈包括抖音、搜狗在内的5家公司，针对抖音在搜狗搜索引擎投放的广告中出现侮辱英烈内容的问题，要求上述公司即日起启动广告业务专项整改。

（三）紧跟新兴技术填补立法空白

2018年，各种区块链概念股在资本市场上起伏跌宕，各类从事区块链技术研发的机构层出不穷，一时间区块链作为一个新奇的概念被炒作起来，而真正关注其技术本身者则少之甚少。

为了规范区块链信息服务活动，促进区块链信息服务健康有序发展，国家网信办于2018年10月19日发布了《区块链信息服务管理规定（征求意见稿）》，并于2019年1月10日正式发布《区块链信息服务管理规定》。该规定对区块链信息服务进行了明确界定，并对区块链信息服务管理体制、备案要求、信息内容安全管理主体责任、实名制、技术保障措施、法律责任等作出了具体规定。根据《区块链信息服务管理规定》第十一条至第十四条的规定，区块链信息服务提供应当通过国家互联网信息办公室区块链信息服务备案管理系统履行相关备案手续。2019 年 3 月 30 日，国家互联网信息办公室公开发布第一批共197 个区块链信息服务名称及备案编号。

（四）强化平台信息安全管理责任

社交平台已经成为公众生活中不可或缺的一部分，成为人们获取信息的主要渠道。但信息发布的便捷性及传播的跨地域性，给社交平台对信息内容进行审查带来了很大难度，比如网络谣言就像疯长的野草，一边治理一边生长。为实现社交平台信息内容源头可追溯，2019 年 2 月 1 日，全国信息安全标准化技术委员会发布了国家标准《信息安全技术　社交网络平台信息标识规范（征求意见稿）》，该规范明确要求在用户发布信息时，社交网络平台应对用户信息生成包含用户编码、信息码、信息发布时间等要素在内的唯一标识，信息标识贯穿信息生成、使用、传输、存储和销毁的全阶段。信息与用户之间一一映射，大大加强了网络信息内容和信息发布者真实身份之间的关联管理，能够实现对网络发布的信息有效溯源。

此外，针对互联网信息服务领域存在的严重失信行为，2019 年 7 月 22 日，国家互联网信息办公室发布了《互联网信息服务严重失信主体信用信息管理办法（征求意见稿）》，对互联网信息服务严重失信主体实施信用黑名单管理和失信联合惩戒。

（五）严格网信执法净化网络生态

《网络安全法》实施一年多以来，与之相关的执法行为逐渐走向常态，既有网民举报后监管部门进行查处的，也有监管部门主动发现查处的，并且处罚频次不断增多，处罚力度不断加大。从执法主体来看，国家网信部门、工信部门、公安部门、国家广播电视管理部门等成为主要的网信执法主体，初步形成了国家、省、市三级执法体系，并逐步建立工信、公安、工商等多个涉网部门间网信执法协调工作机制。从执法对象来看，既有社交媒体、信息发布等平台类企业，也有网络购物、网络金融服务等垂直细分领域的互联网企业，还有院校等事业单位。从执法手段来看，监管部门充分运用约谈整改、行政处罚、公开曝光、产品下架、平台限期停止服务等手段，依法加大对各类网站平台的监管执法力度。2018 年全国网信系统全年依法约谈网站 1497 家，对 738 家网站给予警告，暂停更新网站 297 家，会同电信主管部门取消违法网站许可或备案、关闭违法网站 6417 家，移送司法机关相关案件线索 1177 件。①

表 3－2　　　　　2018—2019 年网络内容治理专项整治行动②

专项行动	执法部门	整治重点/成效
联合整治炒作明星绯闻隐私和娱乐八卦	国家网信办会同公安部、文化部、国家税务总局、国家工商总局、国家新闻出版广电总局	相关网络平台对"卓伟粉丝后援会""全明星通讯社""娱姬小妖"等专事炒作明星绯闻隐私的账号进行永久关闭。六部委按职能、分领域进一步加强对新浪微博、腾讯、百度、优酷、秒拍等网络平台的依法从严监管。对北京大风行锐角度文化传播有限公司、卓伟视界（上海）影视工作室等相关企业经营活动进行检查，对发现的违法违规行为进行依法惩戒

---

① 《2018 年全国网信行政执法工作取得新实效》，中共中央网络安全和信息化委员会办公室官网，http：//www.cac.gov.cn/2019－01/24/c_1124034877.htm，最后访问时间：2019 年 2 月 28 日。

② 根据中国网信网相关内容整理。

续表

专项行动	执法部门	整治重点/成效
对网络直播平台和网络主播的专项清理整治	国家互联网信息办公室会同工信部	经举报并核实，蜜汁直播、第二梦、媚娘、小公举、青依秀、龙猫直播、2018直播、紫水晶、葫芦直播、小美酱等直播平台大肆传播低俗和涉赌等有害信息，部分平台为逃避监管，组织"深夜场"低俗直播；"天佑""五五开"等网络主播公然传播涉毒歌曲，公开教唆粉丝辱骂他人，争相炫富斗富，发布低俗恶搞内容。国家网信办根据《网络安全法》《互联网新闻信息服务管理规定》《互联网直播服务管理规定》等法律法规，会同工信部关停下架蜜汁直播等10家违规直播平台；将"天佑"等纳入网络主播黑名单，要求各直播平台禁止其再次注册直播账号；各主要直播平台合计封禁严重违规主播账号1401个，关闭直播间5400余个，删除短视频37万条
自媒体乱象集中整治专项行动	国家互联网信息办公室	约谈腾讯微信、新浪微博、百度、腾讯、新浪、今日头条、搜狐、网易、UC头条、一点资讯、凤凰、知乎等多家客户端自媒体平台。要求各平台立即对平台自媒体账号进行一次"大扫除"，坚决清理涉低俗色情、标题党、炮制谣言、黑公关、洗稿圈粉，以及刊发违法违规广告、插入二维码或链接恶意诱导引流、恶意炒作营销等问题账号；同时，要坚持标本兼治、长效治理，采取有力有效措施清存量、控增量，全面清理僵尸号、僵尸粉，修订账号注册规则，改进推荐算法模型，完善内容管理系统，健全各项制度，坚决遏制自媒体乱象
恶意移动应用程序专项整治	国家网信办会同工信部、公安部	对在各类网络平台传播的移动应用程序进行巡查，重点检测游戏、壁纸、工具、电子读物等受众广、风险高的应用程序，发现"全民切水果""浴室女神"等程序通过隐蔽执行、欺骗用户点击等方式订购收费业务，造成用户经济损失；"激情福利社""调皮女仆"等在用户不知情或未授权情况下，窃取个人信息；"小二轰炸机""水果忍者大乱斗"等存在向指定用户发送大量短信、捆绑下载、拦截短信等流氓行为。发现并清理7873款存在恶意扣费、信息窃取等高危恶意行为的移动应用程序，并督促电信运营商、云服务提供商、域名管理机构等关停相关服务

续表

专项行动	执法部门	整治重点/成效
网络生态治理专项行动	国家互联网信息办公室	对各类网站、移动客户端、论坛贴吧、即时通信工具、直播平台等重点环节中的淫秽色情、低俗庸俗、暴力血腥、恐怖惊悚、赌博诈骗、网络谣言、封建迷信、谩骂恶搞、威胁恐吓、标题党、仇恨煽动、传播不良生活方式和不良流行文化12类负面有害信息进行整治
网上低俗信息专项整治	"扫黄打非"办公室组织协调网信、工信、公安、文化和旅游、市场监管、广播电视等部门	重点清理网络传播淫秽色情和夹杂淫秽色情信息内容；以"性"为卖点，不适合传播的内容；宣扬违背正确婚恋观和家庭伦理道德的内容；网络恶搞、调侃等迎合低级趣味的内容；宣扬暴力、血腥、恐怖、残酷的内容等
即时通信工具专项整治	国家互联网信息办公室	从应用展现、服务导向、商业模式、注册机制、信息内容、群组管理等方面，对各类即时通信工具进行深入巡查和测试。首批清理关停"比邻""聊聊""密语"等9款传播淫秽色情信息，或为招嫖卖淫、售卖淫秽色情音视频等提供推广和平台服务的即时通信工具
教育类移动应用程序专项整治	国家网信办会同教育部、全国扫黄打非办等有关部门	对国内教育类移动应用程序信息服务组织巡查，查实"作业狗""口袋老师""初中知识点大全"等20余款程序传播淫秽色情等违法违规信息，存在过度商业营销和娱乐化等不良行为。国家网信办已清理下架上述程序，关停违法违规情况严重的应用服务，约谈部分程序运营方，督促删除内容低俗及与学习无关的文章5.5万余篇，关停420余个专栏以及320多个违规账号，全面整改，规范运营，落实企业主体责任。同时，国家网信办还清理下架以青少年为主要用户的二次元和社交类违法违规程序1.21万款
网络音频乱象启动专项整治	国家互联网信息办公室	首批依法依规对吱呀、Soul、语玩、一说FM等26款传播历史虚无主义、淫秽色情内容的违法违规音频平台，分别采取了约谈、下架、关停服务等阶梯处罚，对音频行业进行全面集中整治

（六）发挥社会监督力量共同治理

网络空间治理需要多元主体参与下的协同共治，政府运用立法、行政执法等手段为互联网络健康发展确立法度的边界，平台在法律的约束下通过制定运营规则、与用户达成使用协议规范用户行为，用户利用举报、投诉等方式参与治理，共同营造清朗网络空间。为更好地利用政府力量与社会力量共同参与网络内容治理，国家相关部门实施的两大举措值得关注。

一是从制度上明确多元参与、协同共治的治理模式。2019年9月10日，国家互联网信息办公室发布《网络生态治理规定（征求意见稿）》，规定了网络信息内容生产者、网络信息内容服务平台、网络信息内容服务使用者、网络行业组织等主体的权利与义务。

二是搭建独立于平台的用户参与网络内容治理的通道。2019年4月8日，中国互联网协会建设的互联网信息服务投诉平台上线运行，该投诉通道是独立于互联网信息服务平台的第三方投诉渠道，主要接收用户个人信息保护、服务功能和企业投诉机制等方面的投诉。自2019年4月上线以来，截至8月底，该投诉平台共收到用户投诉5341件。个人信息保护类投诉752件，占比14.08%；服务功能类投诉2491件，占比46.64%；企业投诉机制类投诉1020件，占比19.1%；其他类投诉1078件，占比20.18%。

四　产业发展

人工智能、大数据、云计算、物联网等互联网技术不断为传统产业赋能，促进互联网产业和传统产业的融合发展。2018—2019 年，政府出台了多项互联网产业立法，一方面鼓励新兴技术加快发展，另一方面防范行业风险，引导互联网产业合规健康发展。2019 年 3 月 29 日，国务院发布了《国务院关于落实〈政府工作报告〉重点工作部门分工的意见》，明确指出要深化大数据、人工智能等研发应用，培育新一代信息技术、高端装备、生物医药、新能源汽车、新材料等新兴产业集群，壮大数字经济。国家发展改革委、工业和信息化部、科技部等按职责分工负责，坚持包容审慎监管，支持新业态新模式发展，促进平台经济、共享经济健康成长，加快在各行业各领域推进"互联网 ＋"。①

（一）电子商务有"法"可依

中国电商从 1999 年起步至今，经过 20 年的发展，已经一跃成为全球电商领域的领导者。2018 年全国电子商务交易额为

---

① 《国务院关于落实〈政府工作报告〉重点工作部门分工的意见》（国发〔2019〕8 号），中国政府网，http：//www. gov. cn/zhengce/content/2019－04/09/content_ 5380762. htm，最后访问时间：2019 年 9 月 29 日。

31.63 万亿元，继续保持较快增长。短短时间内就异军突起的电商行业为经济发展创造了新的增长点，催生了新的经济模式。一方面不断满足公众消费需求的多样化与个性化，引发了一轮又一轮投资热、创业热，推动了产业结构调整；另一方面也带动了快递物流、网络支付等相关产业的发展。但作为新事物蓬勃发展的电商行业也带来了监管难题，合规制度设计上的滞后使得这一行业乱象丛生。假冒伪劣产品、逃税漏税、大数据杀熟、网络刷单等不良现象不仅消耗了消费者对行业的信任，也蚕食着公众对政府监管的信心。

2018 年 8 月 31 日，《电子商务法》经由第十三届全国人民代表大会常务委员会第五次会议表决通过。历时五年，历经三次公开征求意见、四次审议及修改，《电子商务法》终于自 2019 年 1 月 1 日起正式实施，该法共七章 89 条，主要从电子商务的经营者、合同的订立与履行、争议解决、电子商务促进、法律责任五个方面作出了具体规定，是电子商务领域的一部基础性法律。自此，电子商务发展迎来了有"法"可依的新时代。

表 4 - 1　　　　　　　　电子商务相关规范性文件

发布时间	文件名称	发布部门	主要内容
2019 年 1 月 3 日	《假冒伪劣重点领域治理工作方案（2019—2021）》	市场监管总局	明确要求集中开展电商平台专项治理，净化网络市场交易环境：（一）严厉查处网络违法经营行为；（二）强化对网络交易平台的监管；（三）着力提升网络交易监管能力；（四）大力推动网络监管综合治理
2019 年 4 月 30 日	《网络交易监督管理办法》	市场监管总局	将金融类产品和服务，利用信息网络提供新闻信息、音视频节目、出版以及文化产品等内容方面的服务排除适用，将网络交易界定为通过互联网等信息网络销售商品或者提供服务的经营活动，规定了网络交易平台经营者的义务、消费者权益保护、监管部门的职责以及法律后果

续表

发布时间	文件名称	发布部门	主要内容
2019 年 6 月 12 日	《关于规范快递与电子商务数据互联共享的指导意见》	国家邮政局、商务部	要求电子商务经营者与快递企业保障电子商务与快递数据正常传输，并加强数据管控及互联共享管理，提高电子商务与快递数据安全防护水平，主管部门要加强对电子商务与快递数据的监管

（二）网约车行业安检"风暴"

依靠平台补贴的竞争策略，网约车迅速填补传统出租车市场空隙，成为公众主要的出行方式。截至 2019 年 6 月，我国网约出租车用户规模达 3.37 亿，网约专车或快车用户规模达 3.39亿。[①] 作为共享经济下的新业态，我国对网约车行业的发展一直持以相对开放包容的姿态。网约车在经历了"灰色身份"的生长阶段之后，被政府确认合法化，我国也成为世界上第一个网约车合法化的国家。政府监管空白的野蛮生存环境，给了网约车平台迅速壮大的机会，但乘客人身财产安全、运行车辆与认证车辆不符、大数据杀熟等问题频现，倒逼行业合规化发展。特别是 2018 年接连发生的几起乘客遇害案件，加速了政府监管手段的升级。

第一，针对网约车的系列政策纷纷出台，健全多主体协同监管机制。2018 年 5 月，郑州空姐滴滴打车遇害案引发了全社会对网约车乘客安全问题的广泛关注，此后发生的几起网约车安全事故彻底把网约车推向了舆论的风口浪尖，政府传统监管模式的不适应性也暴露无遗。5—8 月，政府监管部门密集发文，

---

① 中国互联网络信息中心（CNNIC）：第 44 次《中国互联网络发展状况统计报告》。

从建立"黑名单"制度、服务质量信誉考核、事中事后联合监管、联席会议制度等方面完善监管制度设计，引导行业规范发展。但过紧的监管又使得打车难、加价接单等消费难题重现，如何平衡好市场需求和行业监管是网约车行业需要解决的问题。

表4-2　　　　2018年网约车行业监管相关政策

发布时间	发布机构	文件名称	主要内容
2月13日	交通运输部	《网络预约出租汽车监管信息交互平台运行管理办法》	加强网络预约出租汽车监管信息交互平台的运行管理工作，规范数据传输
5月11日	交通运输部	《关于加强和规范出租汽车行业失信联合惩戒对象名单管理工作的通知（征求意见稿）》	加强对出租汽车行业中各市场主体的信用监管，建立失信联合惩戒对象名单制度
5月14日	交通运输部	《出租汽车服务质量信誉考核办法》	明确将网络预约出租汽车经营者及驾驶员纳入出租汽车服务质量信誉考核体系，并为网络预约出租汽车经营者设定了6类考核指标，还要求网约车平台公司如实向主管部门报送服务质量信誉档案
5月30日	交通运输部、中央网信办、工业和信息化部、公安部、中国人民银行、税务总局和国家市场监督管理总局	《关于加强网络预约出租汽车行业事中事后联合监管有关工作的通知》	明确了网约车行业事中事后联合监管工作流程
8月1日	国务院办公厅	《关于同意建立交通运输新业态协同监管部际联席会议制度的函》	建立由交通运输部牵头的交通运输新业态协同监管部际联席会议制度

第二，各部门对网约车的专项整治行动席卷全国，掀起了一场全面的安全检查风暴。2018年多起顺风车安全事件直接带来了整个网约车行业的安全大检查，压实平台主体责任，守好

安全底线，拒绝悲剧重演成为整个社会对网约车行业的一致期待。在专项检查中，监管部门发现网约车、顺风车平台主要在九个方面存在较大问题：公共安全隐患问题巨大；顺风车产品安全隐患问题巨大；应急管理基础薄弱、效能低下；非法营运问题突出；安全生产主体责任落实不到位；企业平台诚信严重缺失；个人信息安全问题突出；社会稳定风险突出；涉嫌行业垄断。①

表 4 - 3　　　　　　　　　2018 年网约车专项行动

时间	部门	专项行动
8 月 31 日	交通运输新业态协同监管部际联席会议	决定自 9 月 5 日起，在全国范围内对所有网约车、顺风车平台公司开展进驻式全面检查
9 月 10 日	交通运输部、公安部	宣布自即日起至 12 月 31 日，在全国范围组织开展打击非法从事出租汽车经营的专项整治行动
9 月 11 日	交通运输部、公安部	发布《关于进一步加强网络预约出租汽车和私人小客车合乘安全管理的紧急通知》，由交通运输部、中央网信办、公安部等多部门组成的网约车、顺风车安全专项工作检查组陆续进驻首汽约车、神州专车、曹操专车、易到用车、美团出行、嘀嗒出行、高德等网约车和顺风车平台公司，开展安全专项检查

（三）持续加强互联网金融监管

大数据、云计算、人工智能和区块链等科技手段与金融的融合助推了互联网金融的快速发展，但是互联网金融行业发展过程中暴露的非法集资、网络传销、网络金融诈骗等问题也不

---

① 《9 月份例行新闻发布会》，交通运输部官网，http：//xxgk. mot. gov. cn/jigou/zcyjs/201809/t20180928_ 3093702. html，最后访问时间：2019 年 3 月 21 日。

容小觑。2018 年国内累计发现涉嫌传销的平台达到 5000 余家，活跃人数超过千万；P2P 网贷平台达到 1.2 万家，其中中高风险平台占比约为 68%，较上半年增长 24%。① 金融风险防范成为日趋严峻的课题。2018 年互联网金融的发展可谓跌宕起伏，P2P 机构的备案登记工作遭遇延期，但终究重启；唐小僧、联璧金融等明星网贷平台相继爆雷，引发投资恐慌；互联网金融巨头强化科技属性，监管机制需创新。

金融安全事关社会稳定，2018 年政府工作报告明确强调"健全互联网金融监管"，这已经是"互联网金融"连续五年被写入政府工作报告，国家对其重视程度可见一斑。2018 年监管部门发布的一系列文件从互联网金融机构运行、风险管控、金融信息传播等方面进行了规定，力求引导互联网金融良性发展，为互联网金融行业发展创建良好的政策环境。

表 4 - 4　　　　　　　　2018 年互联网金融相关政策

发布时间	发布机构	文件名称
3 月 28 日	互联网金融风险专项整治工作领导小组	《关于加大通过互联网开展资产管理业务整治力度及开展验收工作的通知》
4 月 3 日	国家市场监督管理总局	《关于进一步加强打击传销工作的意见》
4 月 16 日	中国银保监会等四部门	《关于规范民间借贷行为维护经济金融秩序有关事项的通知》
4 月 19 日	中国人民银行等三部门	《关于加强非金融企业投资金融机构监管的指导意见》
4 月 27 日	中国人民银行等多部门	《关于规范金融机构资产管理业务的指导意见》
5 月 30 日	中国证监会、中国人民银行	《关于进一步规范货币市场基金互联网销售、赎回相关服务的指导意见》

① 《腾讯发布〈2018 年互联网金融安全报告〉》，人民网，http：//sz. people. com. cn/n2/2019/0124/c202846 - 32573366. html，最后访问时间：2019 年 3 月 21 日。

续表

发布时间	发布机构	文件名称
7月11日	中国人民银行	《加强跨境金融网络与信息服务管理的通知》
8月13日	全国 P2P 网络借贷风险专项整治工作领导小组办公室	《关于开展 P2P 网络借贷机构合规检查工作的通知》
8月24日	银保监会、中央网信办、公安部、中国人民银行、市场监管总局	《关于防范以"虚拟货币""区块链"名义进行非法集资的风险提示》
8月31日	中国证监会	《中国证监会监管科技总体建设方案》
9月29日	中国人民银行等三部门	《互联网金融从业机构反洗钱和反恐怖融资管理办法（试行）》
11月26日	中国人民银行等三部门	《关于完善系统重要性金融机构监管的指导意见》
12月26日	国家网信办	《金融信息服务管理规定》

（四）鼓励人工智能快速发展

2018年3月5日，李克强总理在《2018年国务院政府工作报告》中指出，加强新一代人工智能研发应用；在医疗、养老、教育、文化、体育等多领域推进"互联网＋"；发展智能产业，拓展智能生活。为推动人工智能快速发展，2018年国家出台了多项政策支持人工智能技术。截至2018年11月，全国已有15个省（区、市）发布了人工智能规划，其中12个制定了具体的产业规模发展目标，有22个省（区、市）在战略新兴规划中设置了人工智能专项，19个省（区、市）在大数据计划中提及人工智能。①

2019年3月29日，教育部发布了《关于公布2018年度普

---

① 中国互联网络信息中心（CNNIC）：第43次《中国互联网络发展状况统计报告》。

通高等学校本科专业备案和审批结果的通知》，人工智能出现在新增审批本科专业名单中。据统计，此次共有包括北京科技大学、浙江大学、四川大学等在内的 35 所高校获得首批建设人工智能专业的资格。

2019 年 8 月 29 日，科技部发布《国家新一代人工智能创新发展试验区建设工作指引》，该指引明确了国家新一代人工智能创新发展试验区的总体要求、重点任务、申请条件、建设程序和保障措施。

表 4 - 5　　　　　　2018—2019 年我国人工智能相关政策

发布时间	发布机构	文件名称	主要内容
2018 年 4 月 3 日	工业和信息化部、公安部、交通运输部	《智能网联汽车道路测试管理规范（试行)》	对测试主体、测试驾驶人及测试车辆，测试申请及审核，测试管理，交通违法和事故处理等方面作了详细规定
2018 年 10 月 25 日	工业和信息化部	《车联网（智能网联汽车）直连通信使用 5905—5925 MHz 频段管理规定（暂行)》	以满足车联网等智能交通系统使用无线电频率的需要
2018 年 12 月 25 日	工业和信息化部	《车联网（智能网联汽车）产业发展行动计划》	提出以融合发展为主线，充分发挥我国的产业优势，优化政策环境，加强行业合作，突破关键技术，夯实跨产业基础，推动形成深度融合、创新活跃、安全可信、竞争力强的车联网产业新生态
2019 年 8 月 29 日	科技部	《国家新一代人工智能创新发展试验区建设工作指引》	规定了建设国家新一代人工智能创新发展试验区的总体要求、重点任务、申请条件、建设程序及保障措施

（五）“互联网＋医疗健康”改善民生

在线问诊、网络预约挂号大大满足了人民群众日益增长的多层次、多样化、个性化的医疗健康需求，一定程度上缓解了传统就医模式下"看病难"以及医疗资源分配不均衡的问题，这都得益于"互联网＋"给医疗健康行业的技术赋能。为促进"互联网＋医疗健康"发展，国家在 2018 年出台了多项扶持政策。一是做好顶层设计，为"互联网＋医疗健康"长远发展绘制蓝图；二是制定配套政策，确保"互联网＋医疗健康"服务体系落到实处；三是加强健康医疗大数据服务管理，充分发挥健康医疗大数据作为国家重要基础性战略资源的作用。

表 4 - 6 　　　　　2018 年我国"互联网＋医疗健康"相关政策

发布时间	发布机构	文件名称	主要内容
4 月 25 日	国务院	《关于促进"互联网＋医疗健康"发展的意见》	明确提出要健全"互联网＋医疗健康"服务体系，完善"互联网＋医疗健康"支撑体系，加强行业监管和安全保障
7 月 10 日	国家卫生健康委员会、国家中医药管理局	《关于深入开展"互联网＋医疗健康"便民惠民活动的通知》	从就医诊疗、结算支付、患者用药、公共卫生、家庭医生、远程医疗、健康信息、应急救治、政务共享、检查检验十个方面提出了具体要求
7 月 12 日	国家卫生健康委员会	《关于印发国家健康医疗大数据标准、安全和服务管理办法（试行）》	对健康医疗大数据的定义进行了明确界定，明确了标准管理、安全管理、服务管理的责任单位及相应责任
7 月 17 日	国家卫健委、国家中医药管理局	《互联网医院管理办法（试行）》《互联网诊疗管理办法（试行）》《远程医疗服务管理规范（试行）》	进一步规范互联网诊疗行为，发挥远程医疗服务积极作用，提高医疗服务效率，保证医疗质量和医疗安全
8 月 22 日	国家医政医管局	《关于进一步推进以电子病历为核心的医疗机构信息化建设工作的通知》	推动尽快实现院内及医联体内各医疗机构各诊疗环节信息互联互通

（六）网络游戏监管不断收紧

2018 年对于游戏行业来说是一个颇为煎熬的寒冰期，游戏版号审批暂停、备案通道关闭、备案文号停止更新、游戏总量调控、设立道德风险评议等多项监管措施的出台显示着我国网游行业强监管时代的来临。政策的变化直接导致游戏产业市场低迷，产业收入增速放缓。2018 年我国网络游戏（包括客户端游戏、手机游戏、网页游戏等）业务收入达 1948 亿元，同比增长 17.8%，收入增速较去年呈高位回落态势。[①] 但是，监管趋严带来的行业阵痛之后将会是网络游戏更加规范化的发展。一方面，政府通过版号审批等手段调控游戏总量，意味着网络游戏行业门槛提高，朝着质量内容精品化的路线发展，推动网络游戏行业实现重视内容生产的供给侧改革。另一方面，在行业洗牌的过程中淘汰一大批质量低下的网络游戏，游戏公司也将更加重视自己的社会责任，通过产业的转型升级逐渐更新公众对网游的负面认知。

表 4-7   2018 年网络游戏行业监管动态

时间	监管动态
3 月 29 日	原国家新闻出版广电总局发布《游戏申报审批重要事项通知》，称将暂停游戏版号审批工作
6 月 6 日	原文化部在版号审批暂停数月后也关闭了国产网游备案通道
8 月 6 日	进口游戏停止新的备案文号更新
8 月 30 日	教育部等八部门联合印发《综合防控儿童青少年近视实施方案》，方案要求"实施网络游戏总量调控，控制新增网络游戏上网运营数量，探索符合国情的适龄提示制度，采取措施限制未成年人使用时间"

---

① 中国互联网络信息中心（CNNIC）：第 43 次《中国互联网络发展状况统计报告》。

续表

时间	监管动态
9月29日	国务院印发《完善促进消费体制机制实施方案（2018—2020年）》，要求"推进网络游戏转型升级，规范网络游戏研发出版运营"
12月	网络游戏道德委员会在北京成立
12月7日	网络游戏道德委员会对首批存在道德风险的网络游戏进行了评议

2019年游戏行业值得关注的是，人民网联合腾讯、网易、完美世界等10家头部游戏公司发起《游戏适龄提示倡议》。该倡议根据我国现行法律规定和青少年成长过程中的生理特征、认知能力、道德水平综合考虑，倡导对游戏进行年龄层划分，设计了适龄提示体系标准，并于7月26日正式上线"游戏适龄提示"平台。截至目前，已经有三批共计21款游戏参与适龄提示。

需要指出的是，网络游戏固然市场增长，但我们必须关注其已经成为未成年人"公害"的事实。市场不能掩盖良知，金钱不能腐蚀道德，必须继续加大对网络游戏的监管力度，避免危害祖国和民族的未来。

（七）规范在线教育

互联网技术的发展带动了在线教育行业的发展，截至2019年6月，我国在线教育用户规模达2.32亿，较2018年底增长3122万，占网民整体的27.2%。① 各类在线教育平台给孩子的教育带来诸多便利，一方面促进了优质教育资源的跨区域流动与共享，一定程度上解决了教育资源分配不均衡的问题。另一方面针对不同孩子的学习能力制定专门的个性化教育课程，使

---

① 第44次《中国互联网络发展状况统计报告》，中共中央网络安全和信息化委员会办公室官网，http：//www.cac.gov.cn/2019－08/30/c_1124938750.htm，最后访问时间：2019年10月1日。

孩子在家就可以享受到名师教学。但同时也产生了许多新问题，一是在线教育火热发展时期，大量资本涌入，各类平台一时间争相上线，但平台对在线教育的师资审查不够严格，导致教学内容质量参差不齐，令人担忧；二是部分平台为追逐利益，存在虚假宣传，刻意包装所谓"名师教学"；三是有教育类 APP 向用户推送低俗有害信息等内容，严重影响未成年学生身心健康；四是部分产品设计偏离教育功能，过多设置娱乐模块，影响学习效果；五是部分学习类 APP 围绕应试教育搞题海战术，线下学校减负，却被线上教育增加课业负担，不利于开展素质教育。2018—2019 年，相关部门对在线教育行业的治理主要体现在两个方面：

第一，监管与扶持并举，为符合条件的在线教育平台创造成长空间，鼓励其合规发展。教育部联合相关部门相继发布了《关于规范校外线上培训的实施意见》《关于促进在线教育健康发展的指导意见》等文件，为在线教育健康、规范、有序发展指明了方向。

表 4 - 8　　　　　　2018—2019 年在线教育相关政策文件

发布时间	发布机构	文件名称	主要内容
2018 年 8 月 6 日	国务院	《关于规范校外培训机构发展的意见》	网信、文化、工业和信息化、广电部门在各自职责范围内配合教育部门做好线上教育监管工作
2018 年 11 月 20 日	教育部、国家市场监管总局、应急管理部	《关于健全校外培训机构专项治理整改若干工作机制的通知》	强化在线培训监管，要求相关部门做好线上教育备案工作，加强对线上培训内容的监管
2018 年 12 月 25 日	教育部	《关于严禁有害 APP 进入中小学校园的通知》	全面排查，要求各地建立学习类 APP 进校园备案审查制度，严格审查进入校园的学习类 APP，加强学习类 APP 日常监管，探索学习类 APP 管理使用的长效机制

续表

发布时间	发布机构	文件名称	主要内容
2019 年 7 月 12 日	教育部、国家网信办、工业和信息化部、公安部、广电总局、全国"扫黄打非"工作小组办公室	《关于规范校外线上培训的实施意见》	明确提出了规范校外线上培训工作的具体目标,重点对培训机构、培训内容和培训人员等进行备案审查,对校外线上培训的内容、时长、师资、信息安全、经营活动开展排查,并明确了违规的相应处罚办法
2019 年 8 月 10 日	教育部、国家网信办、工业和信息化部、公安部、民政部、市场监管总局、国家新闻出版署、全国"扫黄打非"工作小组办公室	《关于引导规范教育移动互联网应用有序健康发展的意见》	提出了引导和规范教育移动应用有序健康发展的阶段性目标,要求从建立备案制度、加强内容建设、规范数据管理、保障网络安全提高供给质量,从落实主体责任、建立推荐机制、健全选用机制、规范进校合作、促进整合共享四个方面规范应用管理,从加强行业规范、建立协同机制、拓展监督渠道、加强考核问责四个方面健全监管体系,从加强组织领导、健全制度规范、提升信息素养、落实工作保障四个方面加强支撑保障
2019 年 9 月 19 日	教育部、国家网信办、国家发展改革委、工业和信息化部、公安部、财政部、中国人民银行、市场监管总局、中国银保监会、中国证监会、国家知识产权局	《关于促进在线教育健康发展的指导意见》	提出了在线教育到 2020 年及 2022 年的发展目标,从优质资源供给、扶持政策体系、多元管理服务等方面规定了促进在线教育健康发展的主要措施

第二,对违规行为进行专项打击,转变行业风气,引导在线教育平台规范化发展。2019 年 1—4 月,国家网信办会同教育部、全国"扫黄打非"办等有关部门开展教育类移动应用程序专项整治,清理下架"作业狗""口袋老师""初中知识点大全"等 20 余款传播淫秽色情等违法违规信息的应用程序,关停违法违规情况严重的应用服务,约谈部分程序运营方,督促删

除内容低俗及与学习无关的文章 5.5 万余篇，关停 420 余个专栏以及 320 多个违规账号，清理下架以青少年为主要用户的二次元和社交类违法违规程序 1.21 万款。①

_____

① 《国家网信办专项整治教育类 APP 涉黄低俗乱象》，中共中央网络安全和信息化委员会办公室官网，http：//www. cac. gov. cn/2019 - 05/14/c_ 1124493023. htm，最后访问时间：2019 年 10 月 1 日。

五　国际治理

互联网在造福人类的同时，也给世界各国国家安全和发展带来许多新的挑战。一是网络安全事故频发冲击着国际秩序，二是网络渗透危害主权国家政治安全，三是网络违法犯罪威胁经济社会安全与个人合法权利，四是网络空间军事化威胁世界安全。互联网将全球人类更加紧密地联系在一起，互联网全球治理已经逐渐成为各国共识。我国政府坚持互相尊重、互相信任，在推动网络空间人类命运共同体的建设中不断贡献中国力量与中国智慧。

（一）治理赤字带来全球网络新挑战

当今世界面临大发展大变革大调整，新一轮科技革命和产业革命势不可挡，新兴市场国家和发展中国家迅速崛起，互联网已从"将世界上所有电脑连接起来"，发展到"把世界上所有事物连接起来"。但国际互联网领域发展不平衡、规则不健全、秩序不合理等问题日益凸显，成为全球治理的厝火积薪。

第一，网络霸权主义侵袭互联网秩序稳定。

当今世界，个别国家在网络信息关键技术领域掌握垄断性、压倒性、不对称优势的现状没有变，西方国家尤其是美国对国际互联网关键资源的掌控没有变，某些国家将技术优势转化为网络空间全球治理权力优势的意图与行动没有变，网络空间霸权主义、强权政治依然存在，保护主义、单边主义不断抬头，反全球化逆流喧嚣于耳。网络霸权助长网络空间恶性国际竞争，加剧网络空间军备竞赛，严重危害世界和平。个别国家大搞网络霸凌，强化网络威慑，践踏国际规则，不正当地利用"长臂管辖"侵害其他国家和公民的合法权益，严重危害国际互联网产业供应链安全。在此背景下，不同国家和地区之间数字鸿沟不断拉大，截至 2019 年 6 月底，全球仍有约 30 亿地球公民被区隔在互联网之外。网络霸权与霸凌导致互联网全球治理机制失灵，以规则为基础的互联网全球治理进展迟缓。

第二，网络全球公害威胁互联网发展治理。

利用对不对称技术优势和国际互联网关键资源的掌控，有的国家通过大规模网络监控和网络窃密，对他国实行渗透和煽动，危害其国家和政治安全；针对金融、能源、电力、交通、电信、政务等关键信息基础设施的网络攻击，严重危害主权国家的经济和社会安全；网络违法、有害或不良信息，侵蚀未成年人身心健康，破坏公序良俗；世界范围内侵犯个人隐私、侵犯知识产权、推行种族主义、散布虚假信息、实施网络诈骗、网络恐怖主义活动等违法犯罪行为已成为全球公害。

第三，新型信息技术带来全球性风险隐患。

新一代信息技术孕育勃兴，基础性和前沿性技术加速迭代。人工智能、大数据、云计算、区块链和量子技术等不断释放澎湃动力，5G 带动大数据、物联网、无人驾驶、媒体融合、虚拟现实等技术迅速演进，在更深层次、更广范围加快推动数字化、网络化、智能化转型。但借助"深度伪造"技术制造虚假视频，实现"以假乱真""蛊惑人心"，已给技术、政策和法律带来严峻挑战；而智能化新闻信息分发带来的"茧房效应"与"回音

表 5 - 1　　　　国家安全机关公布三起境外网络攻击窃密案件①

N 网络科技公司重要信息系统被境外间谍情报机关攻击窃密案	N 网络科技公司是国内重要的电子邮件系统安全产品提供商，主要负责客户单位内部电子邮件系统的设计、开发和维护。因为具有涉密邮件管理系统建设资质，该公司在很多重要领域拥有广泛的客户群体。随着口碑的积累和业务不断发展，N 公司的客户持续增加。由于公司人员有限，所以经常会出现一个员工对接多个客户，或者一个客户面对不同员工的情况。于是，N 公司把众多客户的地理位置、网管人员身份等敏感信息储存在公司的内网服务器中，以便员工随时查询使用。但与此同时，为节约成本，N 网络科技公司网络安全防范措施很不到位，相关设备系统陈旧，安全漏洞多，安全保密制度执行不严格，公司员工违规在内外网之间搭建通道，长期存在严重网络安全隐患。国家安全机关工作发现，从 2014 年起，该公司的核心应用服务器先后被三家境外间谍情报机关实施了多次网络攻击，窃取了大量敏感数据资料，对我国网络安全和国家安全构成危害。 该案发生后，N 公司被责令停业整改，并被行业主管部门处以罚款，同时，国家安全机关要求 N 公司逐一对此次事件涉及的用户单位进行安全加固，消除危害影响
W 市某机关人员计算机违规存储涉密资料网络窃密案	2018 年 8 月，国家安全机关工作发现，W 市农业局人事科干部王某使用的办公计算机被境外间谍情报机关远程控制。经对王某的计算机进行核查取证，发现里面除了日常办公文档，还有多份标注密级的地形图。 王某称，这些地形图是帮同事肖某制作方案而留存的。肖某是该局下属某事业单位工作人员，每年会接到工作任务，在编制方案的时候，需要做工程规划布局图。不会电脑制图的肖某便找王某帮忙。肖某从档案室借出当地的航拍地形图，分区扫描成电子版并保存在自己的办公电脑中，通过 QQ 从互联网上将图发送给王某。按照肖某的要求，王某使用制图软件在地形图上标注涉及工程建设的信息，完成制图后，再通过 QQ 邮箱将这些图发送给肖某。 国家安全机关工作人员检测发现，王某电子邮箱曾收到一封异常邮件，在点击阅读后，导致其计算机被植入一款伪装成 QQ 的特种木马程序，从而导致其计算机被境外间谍情报机关远程控制，存储的文档资料全部被窃取，其中包括多份标记密级的地形图。 因案情重大，已对我国国家安全构成严重危害，该市立即启动追责工作。有关责任人员受到相应法律惩处和党纪政纪处分

---

① 《国家安全机关公布三起境外网络攻击窃密案件》，中共中央网络安全和信息化委员会办公室官网，http://www.cac.gov.cn/2019 - 04/19/c_1124387373.htm，最后访问时间：2019 年 10 月 2 日。

续表

Z市某机关人员违规使用电子邮箱传递涉密文件资料网络窃密案	国家安全机关工作发现，Z市某局使用的电子邮箱被境外间谍情报机关控制窃密。Z市地处我国边陲，边境线上驻扎着边防部队。调查发现，该单位长期将办公室电话号码作为邮箱密码使用，境外间谍情报机关利用技术手段从互联网上搜集到Z市某局电话号码和邮箱账号，猜解出密码并非法控制了该邮箱。对该案调查过程中发现，邮箱中存储的大量文档资料被境外间谍情报机关窃取，被窃的文件资料中记载了Z市的驻军分布信息。 由于该单位违规使用互联网电子邮箱传输涉密文档资料，违反了保密安全相关规定，已构成危害国家安全的情形。有关单位对涉及此次网络窃密案件相关领导干部和多名相关工作人员进行追责、问责处理

壁效应"，利用人工智能和大数据进行精准画像对个人隐私的侵犯，人工智能武器化给世界和平带来的威胁，都需要全球携手努力解决。

（二）中国经验贡献互联网全球治理

"浩渺行无极，扬帆但信风。"自25年前全面接入国际互联网以来，"建设什么样的互联网、如何建设互联网"就成为中国互联网发展治理的重大课题。中国敏锐抓住信息化发展的历史机遇，立足基本国情，借鉴各国经验，重视互联网、发展互联网、治理互联网，取得了举世瞩目的伟大成就。

第一，造福人民，以人民为中心的发展理念。

中国把握信息化发展趋势，建设"宽带中国"，落实"提速降费"，扩大互联网关键资源，增强网络信息技术自主创新能力，核心技术不断突破、5G进入商用，保证了为老百姓提供用得好的信息服务；截至2019年6月，中国网民规模达8.54亿，互联网普及率达61.2%。着力推动互联网和实体经济深度融合，以信息流带动技术流、资金流、人才流、物资流，促进资源配置优化，促进全要素生产力提升，以信息化培育新动能，以新动能推动新发展，2018年实现数字经济规模

31.3 万亿，占 GDP 的比重为 34.8%；移动支付规模达 277.4 万亿元，稳居全球第一。正确处理安全和发展，增强网络安全防御和威慑能力。聚天下英才而用之，为网信事业发展提供有力支撑。

第二，依法治网，建设网络综合治理体系。

着眼网络强国建设，形成党委领导、政府管理、企业履责、社会监督、网民自律等多主体参与，经济、法律、技术等多种手段相结合的综合治网格局。加强依法治网、依法办网、依法上网，加快互联网领域立法，出台《网络安全法》《刑法修正案（九）》等法律法规，网络空间法律体系基本形成。通过增强核心技术自主能力、鼓励信息产业发展、完善网络空间立法、加大网信执法力度，强化信息安全漏洞管理，维护关键信息基础设施安全和数据安全，筑牢国家网络安全保障体系。严厉打击网络诈骗、网络暴恐、网络金融违法犯罪及侵犯知识产权，保护个人信息，特别是未成年人网络权利。强化网络内容建设，治理违法和不良信息，构建网络空间良好生态。充分利用新技术、新算法、新应用优化裁判规则和诉讼流程，建设更高水平社会主义司法文明。

第三，交流合作，贡献全球互联网发展治理。

习近平总书记指出，治理好互联网必须深化网络空间国际合作。坚持以人类共同福祉为根本，中国坚持以"四项原则""五点主张"为指引，不断为全球互联网发展治理提供技术合作、信息商品及公共产品，贡献中国方案。举办世界互联网大会，为网络空间交流合作搭建平台；依托联合国相关组织，深度参与互联网全球治理多边活动；积极进行中俄、中美、中欧以及中国与新兴市场国家和发展中国家的网络交流合作；依托共建"一带一路"深入开展同沿线国家的网信事业合作。

表 5 - 2　　　　　　2018—2019 年我国网络国际治理交流活动

时间	活动	主要内容
2018 年 11 月 7 日	召开主题为"创造互信共治的数字世界——携手共建网络空间命运共同体"的第五届世界互联网大会	习近平主席在致第五届世界互联网大会的贺信中强调，各国应该深化务实合作，以共进为动力、以共赢为目标，走出一条互信共治之路，让网络空间命运共同体更具生机活力
2018 年 12 月 18 日	发布《中国对欧盟政策文件》	提出继续用好中欧网络工作组机制，共同倡导网络空间命运共同体理念，推动在联合国框架下制定网络空间负责任国家行为规范，推进全球互联网治理体系改革，建立和平、安全、开放、合作、有序的网络空间，① 并就数字经济等相关工作机制、技术交流与标准化合作等问题进行了说明
2019 年 4 月 9 日	中国和欧盟领导人共同发表《第二十一次中国—欧盟领导人会晤联合声明》	声明中指出中欧网络工作组旨在维护开放、安全、稳定、可接入、和平的信息通信技术环境，双方欢迎工作组正在进行的讨论议题，同意继续加强交流合作。双方将努力推动在联合国框架内制定和实施国际上接受的网络空间负责任的国家行为准则，并将在中欧网络工作组下加强打击网络空间恶意活动的合作，包括知识产权保护的合作②
2019 年 3 月 26 日	公开发布《中华人民共和国和法兰西共和国关于共同维护多边主义、完善全球治理的联合声明》表明	两国重申，以《联合国宪章》为代表的国际法适用于网络空间，致力于推动在联合国等框架下制定各方普遍接受的有关网络空间负责任行为的国际规范，将加强合作，打击网络犯罪以及在网络空间进行的恐怖主义和其他恶意行为，包括利用信息通信技术并为获得竞争优势而采取的攻击关键基础设施和窃取知识产权的行为。两国同意继续利用中法网络事务对话机制，加强相关交流合作③

---

① 《中国对欧盟政策文件（全文）》，中国政府网，http：//www. gov. cn/xinwen/2018 - 12/18/content_ 5349904. htm，最后访问时间：2019 年 10 月 1 日。

② 《第二十次中国欧盟领导人会晤联合声明》，新华网，http：//www. xinhuanet. com/politics/2018 - 07/16/c_ 1123133778. htm，最后访问时间：2019 年 10 月 1 日。

③ 《中华人民共和国和法兰西共和国关于共同维护多边主义、完善全球治理的联合声明（全文）》，新华网，http：//www. xinhuanet. com/world/2019 - 03/26/c_ 1124286419. htm，最后访问时间：2019 年 9 月 29 日。

续表

时间	活动	主要内容
2019 年 9 月 21 日	召开 2019 年全球网络空间战略稳定与治理新秩序国际研讨会	研讨会聚焦如何在不确定性的挑战下构建有效的网络空间治理新秩序，还围绕如何有效保障全球网络空间战略稳定，有效推进全球网络空间治理新秩序的务实建设等前沿议题展开①
2019 年 10 月 20 日	召开主题为"智能互联 开放合作——携手共建网络空间命运共同体"的第六届世界互联网大会	习近平主席在贺信中指出，发展好、运用好、治理好互联网，让互联网更好造福人类，是国际社会的共同责任。各国应顺应时代潮流，勇担发展责任，共迎风险挑战，共同推进网络空间全球治理，努力推动构建网络空间命运共同体。遵循习近平总书记的治网理念与主张，世界互联网大会组委会发布《携手构建网络空间命运共同体》概念文件，既对"构建网络空间命运共同体"重要理念进行了全面阐释，也在人类信息化历程的关键节点贡献了中国智慧

（三） 携手共建网络空间命运共同体

"构建人类命运共同体"是习近平主席站在全人类整体利益高度提出的全球治理方案，超越了国家、宗教、文明等差异，反映了人类社会共同价值追求，展现了中国推进全球和平发展的应有担当。作为虚实同构的新型空间，网络空间命运共同体共建已经成为实现人类命运共同体的重要方面。

第一，维护各国在网络空间的主权、安全和发展利益。

面对国际网络空间的问题与挑战，在第二届世界互联网大会开幕式上的讲话中，习近平主席提出了推动互联网全球治理体系变革的"四项原则"。《携手构建网络空间命运共同体》概念文件以习近平主席提出的关于互联网发展治理的相关重要理

---

① 《2019 年全球网络空间战略稳定与治理新秩序国际研讨会召开》，中共中央网络安全和信息化委员会办公室官网，http：//www.cac.gov.cn/2019－09/22/c_ 1570684195775614.htm，最后访问时间：2019 年 9 月 29 日。

念为遵循，做了进一步深入阐释，强调各国应尊重《联合国宪章》确立的主权平等原则，促进各国参与互联网国际治理的民主和平等；坚持以和平方式解决网络空间争端，摒弃冷战思维、零和博弈、双重标准和贸易保护主义、单边主义，反对将网络安全问题政治化，反对网络攻击和大规模监控，反对国家间无端的网络攻击指责，致力于共同维护网络空间的和平与安全；秉持开放理念，强化资源优势互补，促进不同制度、不同民族和不同文化在网络空间包容性发展，坚决反对利用自身优势损害别国信息通信技术产品和服务供应链安全；共同管理和公平分配互联网基础资源，实现网络空间资源共享、责任共担、合作共治，建立公平正义的网络空间秩序。这些方面彰显出中国尊重其他国家根本利益、核心利益的大国担当。

第二，以推动"五点主张"贯彻落实为实现路径。

《携手构建网络空间命运共同体》概念文件对习近平总书记共同构建空间命运共同体的"五点主张"进行了全面阐释，提出有效利用多边银行等机制，加强全球网络基础设施建设与保护的水平，加强政策协调，保护知识产权，促进互联互通；充分发挥互联网桥梁的作用，促进科技与人文交汇交融，并注重对妇女儿童及其他弱势者的网络保护，促进文明交流互鉴；探索在全球范围内建立创业投资合作机制促进市场深度融合，推广普惠式发展消除数字鸿沟，积极推进工业数字化转型，提升数字经济包容性，促进共同繁荣；加强关键信息基础设施保护与数据安全国际合作，及时共享网络威胁信息，合作打击网络恐怖主义和犯罪，共同维护网络空间和平与安全；坚持多边参与、多方参与，发挥联合国在网络空间国际治理中的主渠道作用，研究制定更加平衡地反映各方利益关切特别是广大发展中国家利益的国际规则，使治理体系更加公正合理。

第三，形成立体协同的治理架构。

秉持开放合作的理念，《携手构建网络空间命运共同体》概念文件提出构建网络空间命运共同体应加强政府、国际组织、互联网企业、技术社群、社会组织、公民个人等各主体的沟通与合作，倡议世界各国政府和人民顺应信息时代潮流，把握数字化、网络化、智能化发展契机，积极应对网络空间风险挑战，实现发展共同推进、安全共同维护、治理共同参与、成果共同分享。

习近平总书记说，"大时代需要大格局，大格局需要大智慧"。中国既是全球互联网发展的重要受益者，也始终是国际网络空间和平的建设者、发展的贡献者、秩序的维护者。我们愿同世界分享中国的发展机遇和经验，在共建共享共治中实现互信互利互赢，把网络空间建设成造福全人类的发展共同体、安全共同体、责任共同体、利益共同体。

六　趋势与展望

（一）2018—2019 年网络法治特点

为更好地发展互联网、利用互联网、治理互联网，我国关于互联网的立法遍及电子商务、网络内容、网络安全、电子政务、共享经济、工业互联网、大数据、人工智能等多个领域。2018—2019 年网络法治的特点主要体现在：

第一，充分利用网络信息化提高国家治理现代化。

习近平总书记在出席全国网络安全和信息化工作会议时强调，信息化为中华民族带来了千载难逢的机遇，必须敏锐抓住信息化发展的历史机遇。信息化在促进我国政务服务、机构改革、司法审判等国家治理手段现代化方面发挥了重要作用——"互联网＋政务服务"建设打破信息壁垒，推进公共数据共享互联互通；增设互联网法院适应信息社会发展，构建智慧司法。

第二，重视提升技术发展与网络立法规制的契合度。

互联网技术创新速度快，现有立法有时不能为互联网技术发展及时提供有效的制度供给，一些新业态难免出现监管空白。这两年，互联网立法紧跟互联网技术发展新趋势，大力解决互联网技术的创新性发展与制度供给的滞后性之间的难题，围绕车联网、区块链等新兴技术出台了相应规定。

第三，强化不同形式信息服务内容监管的全面性。

包括搜索引擎、网络直播、移动 APP、网络跟帖评论、网络论坛社区、网络群组、用户公众账号、微博客在内的不同形式的信息服务都被纳入了政府监管之中,并出台了相应的专项规定。与此同时,国家越来越意识到网络信息内容对国家意识形态安全的重要性,加强了对具有媒体属性及社会动员能力的互联网信息服务的安全评估工作。

近年来,我国网络法治工作进展迅速,已经形成包括法律、法规、司法解释以及规章和规范性文件在内的基本框架,但也面临诸多问题。

第一,立法文件数量繁杂而体系性不强,焦点众多但蓝图主线不够清晰。

虽然我国互联网立法已经初步形成了包含法律、行政法规、规章、规范性文件等不同位阶的法律规范体系,内容涉及民法、刑法、行政法、商法等多个部门法。但由于在最初的网络立法过程中并没有做好顶层设计,导致出现针对同一调整对象可能存在多头立法,或者分散在不同的立法文件中,甚至存在立法冲突,缺乏整体性和系统性,严重影响立法功能的协调性与部门之间的衔接性。

第二,立法多为被动应对而主动规划不够,导致与互联网发展的技术驱动特征不适应以及对新模式、新业态前瞻不足。

从立法过程来看,目前互联网立法多为问题导向型,立法文件中多为低位阶的规范性文件类型的应急性制度措施。正是由于这种“哪里有问题哪里严监管”的立法模式,导致互联网立法缺乏对相关领域立法的规划性、必要性和可行性的科学论证,难以为互联网技术创新发展及时提供有效的制度供给。

第三,立法类型不平衡,过于关注内容安全而其他网络安全配套规范不足。

目前出台的互联网立法多为内容监管相关规范,且这些立法均已生效实施。但与网络安全相关的网络安全等级保护制度、个人信息保护制度、重要数据保护制度、关键信息基础设施安全保护制度等方面的立法却进展缓慢，不能满足人民期待和产业发展要求。

第四，对网信制度供给本身缺乏反思，重立规，轻实施。

党的十九大报告提出"推进科学立法、民主立法、依法立法，以良法促进发展、保障善治"。但是，自2017年6月1日《网络安全法》实施以后，仅在2017年8—10月对"一法一决定"的实施情况进行了执法检查，此后再未进行立法实施调研和立法后评估。不仅是《网络安全法》这种综合性法律缺乏立法后评估，那些专门性立法也鲜见有立法后评估，这就难以对已有立法进行全面检视，不易及时发现法律法规制度本身存在的问题。

（二）网络空间立法展望

未来网络法治建设将根据习近平总书记讲话精神和国家发展战略规划蓝图和主线，提高互联网立法的系统性、协调性和均衡性，把握网络法治与技术研发、产业发展和公共利益的平衡，继续重视网络内容治理，完善《网络安全法》《电子商务法》等法律的配套立法，推进个人信息保护、未成年人网络保护、数据安全等重点立法项目。

第一，个人信息保护专门立法。

2018年诸多个人信息泄露事件牵动了公众的敏感神经，出台个人信息保护专门立法的呼声也越来越高。随着《个人信息保护法》作为第61个项目进入2018年9月10日公布的《十三届全国人大常委会立法规划》第一类项目，个人信息保护专门立法应进一步提质增速。

第二，未成年人网络保护立法。

未成年人网民数量持续增加，首次触网年龄不断降低，互联网带给未成年人良莠不齐的新奇信息，但这一群体对于网络信息的甄别并不具备足够的能力，极易受到不良信息的影响，甚至遭受网络犯罪的侵害，未成年人网络保护势在必行。2019年出台了多项关于未成年人的网络保护立法，如1月2日教育部办公厅下发的《关于严禁有害APP进入中小学校园的通知》，8月23日国家互联网信息办公室发布的《儿童个人信息网络保护规定》，这些文件都旨在为未成年人建立一个健康的数字化成长空间，未成年人作为需要特殊保护的群体，在未来的未成年人预防犯罪法、未成年人保护法修改以及互联网立法上的特殊保护地位依然会有所体现。

第三，网络信息内容治理立法。

网络信息内容治理在互联网法治中依旧会延续其举足轻重的地位，并不断适应新技术的发展出台相应制度措施。随着国家继续开展网络提速降费并加紧推进5G研发商用进程，网络视频类信息内容将迎来新一轮发展空间，相关部门也必将加强对网络视频类信息内容的监管力度。鉴于短视频类制作门槛低且数量庞大，国家更侧重于对平台的监管而非针对个人。同时，也有必要针对特殊群体出台相应的监管措施，保障此类群体在网络空间的合法权益。比如严加治理涉及军队、军人、军服的有害信息，加大对在社交平台中发布涉军信息的账号"身份"及"内容"的审查力度。

第四，关键信息基础设施保护立法。

关键信息基础设施关系到国家安全及社会公共利益，在国家博弈中具有战略性和基础性地位。习近平总书记在"4·19讲话"中就明确指出，"金融、能源、电力、通信、交通等领域的关键信息基础设施是经济运行的神经中枢，是网络安全的重中之重"。《网络安全法》已经实行两年多，但关键信息基础设施保护法律体系仍然亟待完善。《关键信息基础设施网络安全框架》《信息安全技术 关键信息基础设施安全控制要求》等配套标准正在起草，《信息安全技术 关键信息基础设施安全检查评估指南》《信息安全技术　关键信息基础设施网络安全保护基本要求》《信息安全技术　关键信息基础设施安全保障指标体系》等正在征求意见，《关键信息基础设施安全保护条例》已完成意见征求，未来这些保护性制度的出台必将大大提升国家关键信息基础设施网络安全防护能力。

第五，人工智能立法。

人工智能技术的应用必将引发社会生活的变革，伴随这一技术而来的法律、伦理、社会问题也必须引起重视。2019 年 6 月 17 日，国家新一代人工智能治理专业委员会发布《新一代人工智能治理原则——发展负责任的人工智能》，提出人工智能治理的框架和行动指南。① 接下来，仍旧需要围绕人工智能技术的应用与发展建立较为完善的法制体系，既为人工智能技术留出健康有序发展的空间，也为人工智能技术设定必要的边界。

第六，数据安全立法。

网络时代的大量信息都是以数据形式传输和存储的，但这些数据基本都被掌握在少数企业手中，数据在收集、使用时往往容易侵犯个人隐私，数据安全缺乏应有的监管。2019 年 5 月 28 日国家互联网信息办公室发布《数据安全管理办法（征求意见稿）》，向社会公开征求意见。为保障数据安全，有必要建立涵盖数据生产、采集、处理和共享等全周期的法律规范体系，厘清数据权属，对数据共享进行科学有序的管理。

---

① 《发展负责任的人工智能：我国新一代人工智能治理原则发布》，中国政府网，http：//www. gov. cn/xinwen/2019－06/17/content_ 5401006. htm，最后访问时间：2019 年 9 月 29 日。

七　附录

（一）2018—2019 年互联网领域立法政策文件
（含征求意见稿）

文件名称	发布部门	发布时间	实施时间
《密码法》	全国人大常委会	2019 年 10 月 26 日	2020 年 1 月 1 日
《关于促进网络安全产业发展的指导意见（征求意见稿)》	工业和信息化部	2019 年 9 月 27 日	—
《关于促进在线教育健康发展的指导意见》	教育部、中央网信办、国家发展改革委、工业和信息化部、公安部、财政部、中国人民银行、市场监管总局、中国银保监会、中国证监会、国家知识产权局	2019 年 9 月 19 日	2019 年 9 月 19 日
《网络生态治理规定（征求意见稿)》	国家互联网信息办公室	2019 年 9 月 10 日	—
《工业大数据发展指导意见（征求意见稿)》	工业和信息化部	2019 年 9 月 4 日	—
《民法典人格权编（草案)》（第二次审议稿)	全国人大常委会	2019 年 8 月 28 日	—
《儿童个人信息网络保护规定》	国家互联网信息办公室	2019 年 8 月 22 日	2019 年 10 月 1 日

文件名称	发布部门	发布时间	实施时间
《关于促进文化和科技深度融合的指导意见》	科技部、中央宣传部、中央网信办、财政部、文化和旅游部、国家广播电视总局	2019 年 8 月 13 日	2019 年 8 月 13 日
《关于引导规范教育移动互联网应用有序健康发展的意见》	教育部、中央网信办、工业和信息化部、公安部、民政部、市场监管总局、国家新闻出版署、全国"扫黄打非"工作小组办公室	2019 年 8 月 10 日	2019 年 8 月 10 日
《关于促进平台经济规范健康发展的指导意见》	国务院办公厅	2019 年 8 月 1 日	2019 年 8 月 1 日
《国家新一代人工智能开放创新平台建设工作指引》	科技部	2019 年 8 月 1 日	2019 年 8 月 1 日
《加强工业互联网安全工作的指导意见》	工信部、教育部、人力资源和社会保障部、生态环境部、国家卫生健康委员会、应急管理部、国务院国有资产监督管理委员会、国家市场监督管理总局、国家能源局、国家国防科技工业局	2019 年 7 月 26 日	2019 年 7 月 26 日
《数字交通发展规划纲要》	交通运输部	2019 年 7 月 25 日	2019 年 7 月 25 日
《关于加快建立网络综合治理体系的意见》	中央全面深化改革委员会	2019 年 7 月 24 日	2019 年 7 月 24 日
《互联网信息服务严重失信主体信用信息管理办法（征求意见稿）》	国家网信办	2019 年 7 月 22 日	—
《关于规范校外线上培训的实施意见》	教育部、中央网信办、工信部、公安部、广电总局、全国"扫黄打非"工作小组办公室	2019 年 7 月 12 日	2019 年 7 月 12 日
《云计算服务安全评估办法》	国家互联网信息办公室、国家发展和改革委员会（含原国家发展计划委员会、原国家计划委员会）、工业和信息化部、财政部	2019 年 7 月 2 日	2019 年 9 月 1 日
《电信和互联网行业提升网络数据安全保护能力专项行动方案》	工信部	2019 年 6 月 28 日	2019 年 6 月 28 日

续表

文件名称	发布部门	发布时间	实施时间
《网络安全漏洞管理规定（征求意见稿）》	工信部	2019 年 6 月 18 日	—
《互联网电视接收设备技术规范（报批稿）》	工信部	2019 年 6 月 14 日	—
《个人信息出境安全评估办法（征求意见稿）》	国家网信办	2019 年 6 月 13 日	—
《关于规范快递与电子商务数据互联共享的指导意见》	国家邮政局、商务部	2019 年 6 月 12 日	2019 年 6 月 12 日
《网络关键设备安全检测实施办法（征求意见稿）》	工信部	2019 年 6 月 5 日	—
《关于发布〈网络安全实践指南——移动互联网应用基本业务功能必要信息规范〉的通知》	全国信息安全标准化技术委员会	2019 年 6 月 1 日	2019 年 6 月 1 日
《数据安全管理办法（征求意见稿）》	国家网信办	2019 年 5 月 28 日	—
《网络安全审查办法（征求意见稿）》	国家互联网信息办公室	2019 年 5 月 21 日	—
《数字乡村发展战略纲要》	中共中央办公厅、国务院办公厅	2019 年 5 月 16 日	2019 年 5 月 16 日
《关于加强能源互联网标准化工作的指导意见》	国家标准化管理委员会、国家能源局	2019 年 5 月 15 日	2019 年 5 月 15 日
《APP 违法违规收集使用个人信息行为认定方法（征求意见稿）》	全国信息安全标准化委员会	2019 年 5 月 5 日	—
《国务院关于在线政务服务的若干规定》	国务院	2019 年 4 月 26 日	2019 年 4 月 26 日
《关于加强工业互联网安全工作的指导意见（征求意见稿）》	工信部	2019 年 4 月 15 日	—
《县级融媒体中心网络安全规范》	中宣部新闻局和国家广播电视总局科技司	2019 年 4 月 11 日	2019 年 4 月 11 日

续表

文件名称	发布部门	发布时间	实施时间
《县级融媒体中心运行维护规范》	中宣部新闻局和国家广播电视总局科技司	2019 年 4 月 11 日	2019 年 4 月 11 日
《县级融媒体中心监测监管规范》	中宣部新闻局和国家广播电视总局科技司	2019 年 4 月 11 日	2019 年 4 月 11 日
《互联网个人信息安全保护指南》	公安部	2019 年 4 月 10 日	2019 年 4 月 10 日
《未成年人节目管理规定》	国家广播电视总局	2019 年 3 月 29 日	2019 年 4 月 30 日
《关于开展互联网信息服务备案用户真实身份信息电子化核验试点工作的通知》	工信部	2019 年 3 月 27 日	2019 年 3 月 27 日
《互联网上网服务营业场所管理条例（2019 修正）》	国务院	2019 年 3 月 24 日	2019 年 3 月 24 日
《关于进一步加强支付结算管理　防范电信网络新型违法犯罪有关事项的通知》	中国人民银行	2019 年 3 月 22 日	2019 年 3 月 22 日
《快递暂行条例（2019 修正）》	国务院	2019 年 3 月 2 日	2019 年 3 月 2 日
《中央企业负责人经营业绩考核办法》	国务院国有资产监督管理委员会	2019 年 3 月 1 日	2019 年 4 月 1 日
《关于促进跨境电子商务寄递服务高质量发展的若干意见（暂行）》	国家邮政局、商务部、海关总署	2019 年 2 月 23 日	2019 年 2 月 23 日
《关于加强绿色数据中心建设的指导意见》	工业和信息化部、国家机关事务管理局、国家能源局	2019 年 2 月 21 日	2019 年 2 月 21 日
《关于印发〈工业互联网综合标准化体系建设指南〉的通知》	工业和信息化部、国家标准化管理委员会	2019 年 1 月 25 日	2019 年 1 月 25 日
《关于开展 APP 违法违规收集使用个人信息专项治理的公告》	中央网信办、工信部、公安部、市场监管总局	2019 年 1 月 23 日	2019 年 1 月 23 日
《区块链信息服务管理规定》	国家网信办	2019 年 1 月 10 日	2019 年 2 月 15 日

续表

文件名称	发布部门	发布时间	实施时间
《网络短视频内容审核标准细则》	中国网络视听节目服务协会	2019 年 1 月 9 日	2019 年 1 月 9 日
《网络短视频平台管理规范》	中国网络视听节目服务协会	2019 年 1 月 9 日	2019 年 1 月 9 日
《公安机关办理刑事案件电子数据取证规则》	公安部	2019 年 1 月 2 日	2019 年 2 月 1 日
《工业互联网网络建设及推广指南》	工信部	2018 年 12 月 29 日	2018 年 12 月 29 日
《关于跨境电子商务企业海关注册登记管理有关事宜的公告》	海关总署	2018 年 12 月 29 日	2019 年 1 月 1 日
《金融信息服务管理规定》	国家网信办	2018 年 12 月 26 日	2019 年 2 月 1 日
《关于严禁有害 APP 进入中小学校园的通知》	教育部办公厅	2018 年 12 月 25 日	2018 年 12 月 25 日
《关于印发〈居民家庭经济状况信息部省联网查询办法（试行）〉的通知》	民政部办公厅	2018 年 12 月 18 日	2018 年 12 月 18 日
《关于跨境电子商务零售进出口商品有关监管事宜的公告》	海关总署	2018 年 12 月 10 日	2019 年 1 月 1 日
《关于推进政务新媒体健康有序发展的意见》	国务院办公厅	2018 年 12 月 7 日	2018 年 12 月 7 日
《关于进一步加强广播电视和网络视听文艺节目管理的通知》	国家广播电视总局	2018 年 11 月 31 日	2018 年 11 月 31 日
《关于完善跨境电子商务零售进口税收政策的通知》	财政部、海关总署、国家税务总局	2018 年 11 月 29 日	2019 年 1 月 1 日
《关于完善跨境电子商务零售进口监管有关工作的通知》	商务部、国家发展和改革委员会（含原国家发展计划委员会、原国家计划委员会）、财政部	2018 年 11 月 28 日	2019 年 1 月 1 日
《具有舆论属性或社会动员能力的互联网信息服务安全评估规定》	国家网信办、公安部	2018 年 11 月 15 日	2018 年 11 月 30 日

续表

文件名称	发布部门	发布时间	实施时间
《关于印发〈检察机关办理电信网络诈骗案件指引〉的通知》	最高人民检察院	2018 年 11 月 9 日	2018 年 11 月 9 日
《车联网（智能网联汽车）直连通信使用 5905—5925MHz 频段管理规定（暂行)》	工信部	2018 年 10 月 25 日	2018 年 12 月 1 日
《关于印发公立医院开展网络支付业务指导意见的通知》	国家卫生健康委办公厅	2018 年 10 月 15 日	2018 年 10 月 15 日
《互联网金融从业机构反洗钱和反恐怖融资管理办法（试行)》	中国人民银行、中国银行保险监督管理委员会、中国证券监督管理委员会	2018 年 9 月 29 日	2019 年 1 月 1 日
《关于跨境电子商务综合试验区零售出口货物税收政策的通知》	财政部、税务总局、商务部、海关总署	2018 年 9 月 28 日	2018 年 10 月 1 日
《关于进一步加强境内域名注册服务市场监管的通知》	工业和信息化部信息通信管理局	2018 年 9 月 21 日	2018 年 9 月 21 日
《公安机关互联网安全监督检查规定》	公安部	2018 年 9 月 15 日	2018 年 11 月 1 日
《关于加强电力行业网络安全工作的指导意见》	国家能源局	2018 年 9 月 13 日	2018 年 9 月 13 日
《互联网宗教信息服务管理办法（征求意见稿)》	国家宗教事务局	2018 年 9 月 10 日	—
《关于互联网法院审理案件若干问题的规定》	最高人民法院	2018 年 9 月 6 日	2018 年 9 月 7 日
《关于进一步加强网络安全和信息化工作的意见》	国家林业和草原局	2018 年 9 月 3 日	2018 年 9 月 3 日
《电子商务法》	全国人大常委会	2018 年 8 月 31 日	2019 年 1 月 1 日
《关于加强政府网站域名管理的通知》	国务院办公厅	2018 年 8 月 25 日	2018 年 8 月 25 日

续表

文件名称	发布部门	发布时间	实施时间
《关于加强网络直播服务管理工作的通知》	全国"扫黄打非"办公室会同工业和信息化部、公安部、文化和旅游部、国家广播电视总局、国家互联网信息办公室	2018 年 8 月 1 日	2018 年 8 月 1 日
《关于加快推进全国一体化在线政务服务平台建设的指导意见》	国务院	2018 年 7 月 25 日	2018 年 7 月 25 日
《关于同意在北京等 22 个城市设立跨境电子商务综合试验区的批复》	国务院	2018 年 7 月 24 日	2018 年 7 月 24 日
《互联网医院管理办法（试行）》	国家卫生健康委员会、国家中医药管理局	2018 年 7 月 17 日	2018 年 7 月 17 日
《互联网诊疗管理办法（试行）》	国家卫生健康委员会、国家中医药管理局	2018 年 7 月 17 日	2018 年 7 月 17 日
《远程医疗服务管理规范（试行）》	国家卫生健康委员会、国家中医药管理局	2018 年 7 月 17 日	2018 年 7 月 17 日
《关于印发国家健康医疗大数据标准、安全和服务管理办法（试行）的通知》	国家卫生健康委员会	2018 年 7 月 12 日	2018 年 7 月 12 日
《关于加强跨境金融网络与信息服务管理的通知》	中国人民银行	2018 年 7 月 11 日	2018 年 7 月 11 日
《关于印发〈工业互联网平台建设及推广指南〉和〈工业互联网平台评价方法〉的通知》	工业和信息化部	2018 年 7 月 9 日	2018 年 7 月 9 日
《网络安全等级保护条例（征求意见稿）》	公安部	2018 年 6 月 27 日	—
《关于发布网络关键设备和网络安全专用产品安全认证实施规则的公告》	国家认证认可监督管理委员会	2018 年 6 月 27 日	2018 年 6 月 27 日
《网络发票管理办法（2018 修正）》	国家税务总局	2018 年 6 月 15 日	2018 年 6 月 15 日
《关于加强无线网络安全管理的通知》	中国银保监会	2018 年 6 月 12 日	2018 年 6 月 12 日

续表

文件名称	发布部门	发布时间	实施时间
《关于印发进一步深化"互联网+政务服务"推进政务服务"一网、一门、一次"改革实施方案的通知》	国务院办公厅	2018 年 6 月 10 日	2018 年 6 月 10 日
《国家车联网产业标准体系建设指南（总体要求）》	工业和信息化部、国家标准化管理委员会	2018 年 6 月 8 日	2018 年 6 月 8 日
《国家车联网产业标准体系建设指南（信息通信）》	工业和信息化部、国家标准化管理委员会	2018 年 6 月 8 日	2018 年 6 月 8 日
《国家车联网产业标准体系建设指南（电子产品与服务）》	工业和信息化部、国家标准化管理委员会	2018 年 6 月 8 日	2018 年 6 月 8 日
《关于进一步规范货币市场基金互联网销售、赎回相关服务的指导意见》	中国证券监督管理委员会、中国人民银行	2018 年 5 月 30 日	2018 年 6 月 1 日
《关于加强网络预约出租汽车行业事中事后联合监管有关工作的通知》	交通运输部、中央网信办、工业和信息化部、公安部、中国人民银行、国家税务总局、国家市场监督管理总局	2018 年 5 月 30 日	2018 年 5 月 30 日
《关于印发银行业金融机构数据治理指引的通知》	中国银行保险监督管理委员会	2018 年 5 月 21 日	2018 年 5 月 21 日
《关于深入推进网络提速降费加快培育经济发展新动能 2018 专项行动的实施意见》	工业和信息化部、国资委	2018 年 5 月 11 日	2018 年 5 月 11 日
《英雄烈士保护法》	全国人大常委会	2018 年 4 月 27 日	2018 年 5 月 1 日
《工业和信息化部关于印发〈工业互联网 APP 培育工程实施方案（2018—2020 年）〉的通知》	工业和信息化部	2018 年 4 月 27 日	2018 年 4 月 27 日
《关于促进"互联网+医疗健康"发展的意见》	国务院办公厅	2018 年 4 月 25 日	2018 年 4 月 25 日
《智能网联汽车道路测试管理规范（试行）》	工信部、公安部、交通运输部	2018 年 4 月 3 日	2018 年 5 月 1 日

续表

文件名称	发布部门	发布时间	实施时间
《关于印发〈高等学校人工智能创新行动计划〉的通知》	教育部	2018 年 4 月 2 日	2018 年 4 月 2 日
《关于印发〈网络安全等级保护测评机构管理办法〉的通知》	公安部	2018 年 3 月 23 日	2018 年 3 月 23 日
《关于印发〈智能制造综合标准化与新模式应用项目管理工作细则〉的通知》	工业和信息化部办公厅	2018 年 3 月 19 日	2018 年 4 月 1 日
《关于印发科学数据管理办法的通知》	国务院办公厅	2018 年 3 月 17 日	2018 年 3 月 17 日
《关于进一步规范网络视听节目传播秩序的通知》	国家新闻出版广电总局办公厅	2018 年 3 月 16 日	2018 年 3 月 16 日
《关于人民法院通过互联网公开审判流程信息的规定》	最高人民法院	2018 年 3 月 4 日	2018 年 9 月 1 日
《网络预约出租汽车监管信息交互平台运行管理办法》	交通运输部	2018 年 2 月 13 日	2018 年 3 月 1 日
《关于发布〈网络安全实践指南——应对截获短信验证码实施网络身份假冒攻击的技术指引〉的通知》	全国信息安全标准化技术委员会	2018 年 2 月 11 日	2018 年 2 月 11 日
《关于印发〈网络交易价格举报管辖规定〉的通知》	国家发展改革委	2018 年 2 月 3 日	2018 年 2 月 3 日
《微博客信息服务管理规定》	国家网信办	2018 年 2 月 2 日	2018 年 3 月 20 日
《中国互联网域名体系》	工业和信息化部	2018 年 1 月 29 日	2018 年 1 月 29 日
《军队互联网媒体管理规定》	中央军委	2018 年 1 月 8 日	2018 年 2 月 1 日
《药品数据管理规范（征求意见稿）》	国家食品药品监督管理总局（已撤销）	2018 年 1 月 5 日	

续表

文件名称	发布部门	发布时间	实施时间
《智能汽车创新发展战略（征求意见稿）》	国家发改委	2018 年 1 月 5 日	—
《关于推进电子商务与快递物流协同发展的意见》	国务院	2018 年 1 月 2 日	2018 年 1 月 2 日

（二）2018—2019 年互联网领域国家标准

序号	标准编号	标准名称	发布日期	实施日期
1	GB/T 20273—2019	《信息安全技术　数据库管理系统安全技术要求》	2019 年 8 月 30 日	2020 年 3 月 1 日
2	GB/T 18018—2019	《信息安全技术　路由器安全技术要求》	2019 年 8 月 30 日	2020 年 3 月 1 日
3	GB/T 37934—2019	《信息安全技术　工业控制网络安全隔离与信息交换系统安全技术要求》	2019 年 8 月 30 日	2020 年 3 月 1 日
4	GB/T 37950—2019	《信息安全技术　桌面云安全技术要求》	2019 年 8 月 30 日	2020 年 3 月 1 日
5	GB/T 37962—2019	《信息安全技术　工业控制系统产品信息安全通用评估准则》	2019 年 8 月 30 日	2020 年 3 月 1 日
6	GB/T 37931—2019	《信息安全技术　Web 应用安全检测系统安全技术要求和测试评价方法》	2019 年 8 月 30 日	2020 年 3 月 1 日
7	GB/T 37954—2019	《信息安全技术　工业控制系统漏洞检测产品技术要求及测试评价方法》	2019 年 8 月 30 日	2020 年 3 月 1 日
8	GB/T 20272—2019	《信息安全技术　操作系统安全技术要求》	2019 年 8 月 30 日	2020 年 3 月 1 日
9	GB/T 20009—2019	《信息安全技术　数据库管理系统安全评估准则》	2019 年 8 月 30 日	2020 年 3 月 1 日
10	GB/T 25058—2019	《信息安全技术　网络安全等级保护实施指南》	2019 年 8 月 30 日	2020 年 3 月 1 日

序号	标准编号	标准名称	发布日期	实施日期
11	GB/T 20979—2019	《信息安全技术　虹膜识别系统技术要求》	2019 年 8 月 30 日	2020 年 3 月 1 日
12	GB/T 37953—2019	《信息安全技术　工业控制网络监测安全技术要求及测试评价方法》	2019 年 8 月 30 日	2020 年 3 月 1 日
13	GB/T 21050—2019	《信息安全技术　网络交换机安全技术要求》	2019 年 8 月 30 日	2020 年 3 月 1 日
14	GB/T 37941—2019	《信息安全技术　工业控制系统网络审计产品安全技术要求》	2019 年 8 月 30 日	2020 年 3 月 1 日
15	GB/T 37980—2019	《信息安全技术　工业控制系统安全检查指南》	2019 年 8 月 30 日	2020 年 3 月 1 日
16	GB/T 37933—2019	《信息安全技术　工业控制系统专用防火墙技术要求》	2019 年 8 月 30 日	2020 年 3 月 1 日
17	GB/T 37952—2019	《信息安全技术　移动终端安全管理平台技术要求》	2019 年 8 月 30 日	2020 年 3 月 1 日
18	GB/T 37955—2019	《信息安全技术　数控网络安全技术要求》	2019 年 8 月 30 日	2020 年 3 月 1 日
19	GB/T 37939—2019	《信息安全技术　网络存储安全技术要求》	2019 年 8 月 30 日	2020 年 3 月 1 日
20	GB/T 37935—2019	《信息安全技术　可信计算规范可信软件基》	2019 年 8 月 30 日	2020 年 3 月 1 日
21	GB/T 37956—2019	《信息安全技术　网站安全云防护平台技术要求》	2019 年 8 月 30 日	2020 年 3 月 1 日
22	GB/T 37972—2019	《信息安全技术　云计算服务运行监管框架》	2019 年 8 月 30 日	2020 年 3 月 1 日
23	GB/T 37973—2019	《信息安全技术　大数据安全管理指南》	2019 年 8 月 30 日	2020 年 3 月 1 日
24	GB/T 37971—2019	《信息安全技术　智慧城市安全体系框架》	2019 年 8 月 30 日	2020 年 3 月 1 日
25	GB/T 37988—2019	《信息安全技术　数据安全能力成熟度模型》	2019 年 8 月 30 日	2020 年 3 月 1 日
26	GB/T 37932—2019	《信息安全技术　数据交易服务安全要求》	2019 年 8 月 30 日	2020 年 3 月 1 日

序号	标准编号	标准名称	发布日期	实施日期
27	GB/T 37964—2019	《信息安全技术　个人信息去标识化指南》	2019 年 8 月 30 日	2020 年 3 月 1 日
28	GB/T 28448—2019	《信息安全技术　网络安全等级保护测评要求》	2019 年 5 月 10 日	2019 年 12 月 1 日
29	GB/T 22239—2019	《信息安全技术　网络安全等级保护基本要求》	2019 年 5 月 10 日	2019 年 12 月 1 日
30	GB/T 25070—2019	《信息安全技术　网络安全等级保护安全设计技术要求》	2019 年 5 月 10 日	2019 年 12 月 1 日
31	GB/T 37033.1—2018	《信息安全技术　射频识别系统密码应用技术要求　第 1 部分：密码安全保护框架及安全级别》	2018 年 12 月 28 日	2019 年 7 月 1 日
32	GB/T 37033.3—2018	《信息安全技术　射频识别系统密码应用技术要求　第 3 部分：密钥管理技术要求》	2018 年 12 月 28 日	2019 年 7 月 1 日
33	GB/T 37076—2018	《信息安全技术　指纹识别系统技术要求》	2018 年 12 月 28 日	2019 年 7 月 1 日
34	GB/T 36957—2018	《信息安全技术　灾难恢复服务要求》	2018 年 12 月 28 日	2019 年 7 月 1 日
35	GB/T 36950—2018	《信息安全技术　智能卡安全技术要求（EAL4＋）》	2018 年 12 月 28 日	2019 年 7 月 1 日
36	GB/T 37033.2—2018	《信息安全技术　射频识别系统密码应用技术要求　第 2 部分：电子标签与读写器及其通信密码应用技术要求》	2018 年 12 月 28 日	2019 年 7 月 1 日
37	GB/T 36968—2018	《信息安全技术　IPSec VPN 技术规范》	2018 年 12 月 28 日	2019 年 7 月 1 日
38	GB/T 36959—2018	《信息安全技术　网络安全等级保护测评机构能力要求和评估规范》	2018 年 12 月 28 日	2019 年 7 月 1 日
39	GB/T 37046—2018	《信息安全技术　灾难恢复服务能力评估准则》	2018 年 12 月 28 日	2019 年 7 月 1 日
40	GB/T 36960—2018	《信息安全技术　鉴别与授权　访问控制中间件框架与接口》	2018 年 12 月 28 日	2019 年 7 月 1 日
41	GB/T 37027—2018	《信息安全技术　网络攻击定义及描述规范》	2018 年 12 月 28 日	2019 年 7 月 1 日

序号	标准编号	标准名称	发布日期	实施日期
42	GB/T 37092—2018	《信息安全技术　密码模块安全要求》	2018 年 12 月 28 日	2019 年 7 月 1 日
43	GB/T 37093—2018	《信息安全技术　物联网感知层接入通信网的安全要求》	2018 年 12 月 28 日	2019 年 7 月 1 日
44	GB/T 36958—2018	《信息安全技术　网络安全等级保护安全管理中心技术要求》	2018 年 12 月 28 日	2019 年 7 月 1 日
45	GB/T 28449—2018	《信息安全技术　网络安全等级保护测评过程指南》	2018 年 12 月 28 日	2019 年 7 月 1 日
46	GB/T 37091—2018	《信息安全技术　安全办公 U 盘安全技术要求》	2018 年 12 月 28 日	2019 年 7 月 1 日
47	GB/T 37096—2018	《信息安全技术　办公信息系统安全测试规范》	2018 年 12 月 28 日	2019 年 7 月 1 日
48	GB/T 37095—2018	《信息安全技术　办公信息系统安全基本技术要求》	2018 年 12 月 28 日	2019 年 7 月 1 日
49	GB/T 37094—2018	《信息安全技术　办公信息系统安全管理要求》	2018 年 12 月 28 日	2019 年 7 月 1 日
50	GB/T 37090—2018	《信息安全技术　病毒防治产品安全技术要求和测试评价方法》	2018 年 12 月 28 日	2019 年 7 月 1 日
51	GB/T 36951—2018	《信息安全技术　物联网感知终端应用安全技术要求》	2018 年 12 月 28 日	2019 年 7 月 1 日
52	GB/T 37002—2018	《信息安全技术　电子邮件系统安全技术要求》	2018 年 12 月 28 日	2019 年 7 月 1 日
53	GB/T 37024—2018	《信息安全技术　物联网感知层网关安全技术要求》	2018 年 12 月 28 日	2019 年 7 月 1 日
54	GB/T 37025—2018	《信息安全技术　物联网数据传输安全技术要求》	2018 年 12 月 28 日	2019 年 7 月 1 日
55	GB/T 37044—2018	《信息安全技术　物联网安全参考模型及通用要求》	2018 年 12 月 28 日	2019 年 7 月 1 日
56	GB/T 36629.3—2018	《信息安全技术　公民网络电子身份标识安全技术要求　第3部分：验证服务消息及其处理规则》	2018 年 12 月 28 日	2019 年 7 月 1 日
57	GB/T 36632—2018	《信息安全技术　公民网络电子身份标识格式规范》	2018 年 10 月 10 日	2019 年 5 月 1 日

序号	标准编号	标准名称	发布日期	实施日期
58	GB/T 36637—2018	《信息安全技术　ICT 供应链安全风险管理指南》	2018 年 10 月 10 日	2019 年 5 月 1 日
59	GB/T 36629.1—2018	《信息安全技术　公民网络电子身份标识安全技术要求　第 1 部分：读写机具安全技术要求》	2018 年 10 月 10 日	2019 年 5 月 1 日
60	GB/T 36629.2—2018	《信息安全技术　公民网络电子身份标识安全技术要求　第 2 部分：载体安全技术要求》	2018 年 10 月 10 日	2019 年 5 月 1 日
61	GB/T 36643—2018	《信息安全技术　网络安全威胁信息格式规范》	2018 年 10 月 10 日	2019 年 5 月 1 日
62	GB/T 36651—2018	《信息安全技术　基于可信环境的生物特征识别身份鉴别协议框架》	2018 年 10 月 10 日	2019 年 5 月 1 日
63	GB/T 36633—2018	《信息安全技术　网络用户身份鉴别技术指南》	2018 年 9 月 17 日	2019 年 4 月 1 日
64	GB/T 36644—2018	《信息安全技术　数字签名应用安全证明获取方法》	2018 年 9 月 17 日	2019 年 4 月 1 日
65	GB/T 36631—2018	《信息安全技术　时间戳策略和时间戳业务操作规则》	2018 年 9 月 17 日	2019 年 4 月 1 日
66	GB/T 36627—2018	《信息安全技术　网络安全等级保护测试评估技术指南》	2018 年 9 月 17 日	2019 年 4 月 1 日
67	GB/T 36635—2018	《信息安全技术　网络安全监测基本要求与实施指南》	2018 年 9 月 17 日	2019 年 4 月 1 日
68	GB/T 36619—2018	《信息安全技术　政务和公益机构域名命名规范》	2018 年 9 月 17 日	2019 年 4 月 1 日
69	GB/T 36626—2018	《信息安全技术　信息系统安全运维管理指南》	2018 年 9 月 17 日	2019 年 4 月 1 日
70	GB/T 36630.1—2018	《信息安全技术　信息技术产品安全可控评价指标　第 1 部分：总则》	2018 年 9 月 17 日	2019 年 4 月 1 日
71	GB/T 36630.2—2018	《信息安全技术　信息技术产品安全可控评价指标　第 2 部分：中央处理器》	2018 年 9 月 17 日	2019 年 4 月 1 日

续表

序号	标准编号	标准名称	发布日期	实施日期
72	GB/T 36630.3—2018	《信息安全技术　信息技术产品安全可控评价指标　第3部分：操作系统》	2018年9月17日	2019年4月1日
73	GB/T 36630.4—2018	《信息安全技术　信息技术产品安全可控评价指标　第4部分：办公套件》	2018年9月17日	2019年4月1日
74	GB/T 36639—2018	《信息安全技术　可信计算规范　服务器可信支撑平台》	2018年9月17日	2019年4月1日
75	GB/T 36630.5—2018	《信息安全技术　信息技术产品安全可控评价指标　第5部分：通用计算机》	2018年9月17日	2019年4月1日
76	GB/T 36618—2018	《信息安全技术　金融信息服务安全规范》	2018年9月17日	2019年4月1日
77	GB/T 36322—2018	《信息安全技术　密码设备应用接口规范》	2018年6月7日	2019年1月1日
78	GB/T 25056—2018	《信息安全技术　证书认证系统密码及其相关安全技术规范》	2018年6月7日	2019年1月1日
79	GB/T 20518—2018	《信息安全技术　公钥基础设施数字证书格式》	2018年6月7日	2019年1月1日
80	GB/T 36323—2018	《信息安全技术　工业控制系统安全管理基本要求》	2018年6月7日	2019年1月1日
81	GB/T 36324—2018	《信息安全技术　工业控制系统信息安全分级规范》	2018年6月7日	2019年1月1日
82	GB/T 36470—2018	《信息安全技术　工业控制系统现场测控设备通用安全功能要求》	2018年6月7日	2019年1月1日
83	GB/T 36466—2018	《信息安全技术　工业控制系统风险评估实施指南》	2018年6月7日	2019年1月1日
84	GB/Z 24294.1—2018	《信息安全技术　基于互联网电子政务信息安全实施指南　第1部分：总则》	2018年3月15日	2018年10月1日

（三）2018 年网信领域执法案例[①]

部门	时间	处理对象	存在问题	处理结果
工业和信息化部信息通信管理局	1月	北京百度网讯科技有限公司（支付宝）、北京字节跳动科技有限公司（今日头条）	对照《网络安全法》《全国人民代表大会常务委员会关于加强网络信息保护的决定》《电信和互联网用户个人信息保护规定》（工业和信息化部令第 24 号）有关规定，三家企业均存在用户个人信息收集使用规则、使用目的告知不充分的情况	要求三家企业本着充分保障用户知情权和选择权的原则立即进行整改。组织技术部门对相关手机应用软件是否存在侵犯用户个人隐私行为进行持续监测，并将加强对互联网服务信息收集等环节的监督检查。一经发现则告知，账号注销等相关行为，将严肃查处并向社会曝光违法违规行为
国家互联网信息办公室网络安全协调局	1月	支付宝（中国）网络技术有限公司、芝麻信用管理有限公司	支付宝、芝麻信用收集使用个人信息的方式，不符合《个人信息安全规范》国家标准的精神，违背了其签署的《个人信息保护倡议》的承诺	应严格按照《网络安全法》的要求，加强对支付宝平台的全面排查，进行专项整顿，切实采取有效措施，防止类似事件再次发生
国家网信办会同文化部、公安部、文化部、国家税务总局、国家工商总局、国家新闻出版广电总局	1月	热衷炒作、涉嫌违法违规的各类行为主体	恶意爆料明星绯闻操纵舆论行为	六部委按职能，分领域进一步加强对新浪微博、腾讯、百度、优酷、秒拍等网络平台的依法从严监管。对北京大风行（上海）影视文化传播有限公司、卓伟视界等相关企业经营活动进行检查，对发现的违法违规行为过进行依法惩戒

① 案例来源：政府相关部门官方网站。

续表

部门	时间	处理对象	存在问题	处理结果
国家互联网信息办公室指导北京市互联网信息办公室	1月	新浪微博	对用户发布违法违规信息未尽到审查义务，持续传播炒作导向错误、低俗色情、民族歧视违法违规有害信息的严重问题	责令其立即自查自纠，全面深入整改。新浪微博负责人表示，将严格落实网信部门管理要求，对问题突出的热搜榜、热门话题榜，微博问答功能，广场明星和情感版块，广场头条栏目下线时间从2018年1月27日21时至2月3日21时
国家互联网信息办公室指导广东省互联网信息办公室	1月	UC头条	持续传播炒作导向错误、低俗色情信息等问题	责令立即停止违法违规行为，自查自纠，切实整改，全面清理网上违法违规信息，健全信息内容管理长效机制，杜绝类似情况再次发生
上海市网信办	1月	万豪国际集团	万豪国际集团在中文版APP注册会员邮件和西藏、香港、澳门、台湾列为"国家"的行为，严重违反国家有关法律法规	责令万豪国际集团从1月11日18时起对官方中文网站、中文版APP自行关闭一周，开展全面自查整改，彻底清理网上违法违规信息，及时向社会公布对事件的调查结果和处理情况。上海市网信办对整改视情况再作进一步处理
上海市网信办	1月	zara、美敦力	zara网站（zara.cn）"JION LIFE"栏目下的"收取衣服"选项介绍中，将台湾称为"国家"；美敦力网站（medtronic.com）"国家"选项中，有"中华民国（TAIWAN）"字样，并与其他国家并列	向zara.cn运营主体爱特思电子商务（上海）有限公司、medtronic.com运营主体美敦力（上海）管理有限公司发出《互联网站整改通知书》，责令两家网站立即更改违法违规内容，并于今晚18时前在官方网站刊发致歉声明。同时要求及APP网站及官方网站全面自查，进一步加强审查和管理，按照整改情况作进一步处理。上海市网信办将视内容合法性审查和网站整改情况，对信息内容视情况作进一步处理

续表

部门	时间	处理对象	存在问题	处理结果
北京市网信办	1月	花椒直播	花椒直播平台在1月13日"百万赢家"的12点场直播答题中，第6题"王祖贤目前定居在哪个国家"的答案选项表述上出现了严重错误，答案选项将"香港""台湾"与"加拿大"一起列为国家	花椒直播未能有效履行主体责任，在"百万赢家"活动的信息安全管理方面存在重大漏洞，违反《互联网信息服务管理办法》《互联网直播服务管理规定》等相关法律法规，并造成不良社会影响。北京市网信办要求花椒直播立即进行回应处理。同时，北京市网信办将属整改情况作进一步处理。应社会关注，北京市网信办立即进行全面排查，加强答题类互联网服务企业立即作全面整改，确保健康有序发展
新疆互联网信息办公室、自治区公安厅	2月	第十批共十四起网上传播违法信息典型案例	相关涉案人员利用互联网等平台存储、传播涉恐怖、宗教极端、民族分裂以及虚假谣言等内容的文字、图片、音视频	违反《中华人民共和国刑法》《中华人民共和国网络安全法》《中华人民共和国反恐怖主义法》《中华人民共和国治安管理处罚法》《互联网信息服务管理办法》《新疆维吾尔自治区防范和惩治网络传播虚假信息条例》等法律法规，公安机关已将有关人员依法查处
北京市网信办	2月	微博、百度	炒作明星绯闻隐私和娱乐八卦	按照国家网信办等六部委联合整治炒作明星绯闻隐私和娱乐八卦工作要求，北京市网信办责令微博对娱姬小妖（粉丝60万），项娱大咖（粉丝14947），娱姬大妖（粉丝9540），百度对"全明星通讯社""星探妖妖"等8个微博账号、百度百家号予以永久关闭

续表

部门	时间	处理对象	存在问题	处理结果
新疆维吾尔自治区互联网信息办公室、公安厅	2月	属地2个传播暴力视频的微信公众号	微信公众号"梁哥开战"（ID：liangge-kaizhan）、"我是叉子"（ID：gh_fb6c18961051）传播暴力视频。经查证，上述2个微信公众号于2017年9月注册，认证主体均为"霍尔果斯福长科技有限公司"，其打着"除暴安良""伸张正义"的旗号，传播"以暴制暴"等错误价值观，多次发布含有暴力恐吓、殴打他人内容的视频，博人眼球、赚取流量，造成恶劣社会影响	依据《网络安全法》《互联网公众信息服务管理暂行法》《即时通信工具公众账号信息服务发展管理规定》《互联网公众账号信息服务管理规定》，新疆互联网信息办公室对上述2个微信公众号作出关闭处理
广东省互联网信息办公室	2月	各种低俗炒作类内容和账号	炒作明星绯闻隐私和娱乐八卦	广东省互联网信息办公室约谈腾讯公司相关负责人，责令切实履行主体责任，采取有效措施持续打击各种低俗炒作类内容和账号行为，积极传播社会主义核心价值观，营造清朗的网络空间。腾讯公司依据有关法律法规和用户协议对微信公众号"娱姬吓""星探妖妖"，企鹅号"娱姬小妖""星探妖妖"等22个账号予以永久关闭
贵州省互联网信息办公室会同有关部门	2月	10家传播谣言淫秽色情、非法博彩等信息的违法违规网站	"大香蕉利视频""清纯女优影院""深夜福利视频"等5家网站传播淫秽色情内容；"韦德国际娱乐城""澳门在线娱乐"等3家网站传播非法博彩信息；冒充"绥阳工会新闻网"等2家网站传播虚假信息机关事业单位官方网站	严重违反《中华人民共和国网络安全法》《互联网信息服务管理办法》等有关法律法规，依法予以关闭

续表

部门	时间	处理对象	存在问题	处理结果
海南网信办	3月	微信公众号"海南最前沿"（微信号：hnview），"美居海南"（微信号：个人），账号主体：海南鼎晟实业有限公司），"海南看点"（微信号：hainankandian，账号主体：海南易维网络科技有限公司）	发布涉海南房地产、博彩等方面的不实信息，误导社会公众，扰乱互联网信息传播秩序，造成不良影响	为维护健康的网络传播秩序，营造清朗的网络舆论空间，根据《中华人民共和国网络安全法》《互联网信息服务管理办法》《即时通信工具公众信息服务发展管理暂行规定》，网信部门通知相关网站依法对三个房地产微信公众号停止更新30日
天津市互联网信息办公室	3月	公众号运营公司天津正美广告企划有限公司	"喂儿都"微信公众号传播低俗不良信息	责令企业负责人立即停止违法违规行为，同时要求所属协会文化传媒商会依据商会章程对其采取相关处罚
福建省通信管理局	3—6月	"WiFi钥匙"	涉嫌人侵他人网络等行为	约谈了"WiFi钥匙"提供者的公司人，督促指导其进行了三轮整改
浙江省通信管理局	3—6月	"个税管家"	未经明示收集、使用用户信息，未履行安全保护义务等问题	约谈相关企业负责人，依法责令其进行整改，切实履行网络安全保护责任

续表

部门	时间	处理对象	存在问题	处理结果
国家网信办	4月	"快手"和今日头条旗下"火山小视频"	"快手""火山小视频"未能落实企业主体责任，出于博取眼球、获取流量目的，疏于账号管理，任由未成年人主播发布低俗不良信息，突破社会道德底线，违背社会主流价值观，污染网络空间，严重影响青少年健康成长	提出严肃批评，责令全面进行整改
广东省网信办	4月	违法违规信息和公众号	违法从事互联网新闻信息服务、编发谣言和虚假信息，传播淫秽色情信息及侵权假冒信息等	广东省网信办指导腾讯公司继续加大微信公众平台内容和公众号、依法清理整治违法违规信息和公众号，有效净化网络空间。腾讯依据有关法律法规和用户协议，依法封停违法从事互联网新闻信息服务、编发谣言和虚假信息、传播淫秽色情信息等微信公众号
北京市网信办、北京市公安局、北京市通信管理局、北京市工商局、北京市文化市场行政执法总队	4月	京东	未依法尽到对其网络平台售卖商品、出版物及其他违规商品的有效管理职责，导致有关违规商品、出版物在网上传播，违反了《网络安全法》《互联网信息服务管理办法》《出版物市场管理规定》等相关法律法规，并造成不良社会影响	依法约谈网站相关负责人，并责令整改

续表

部门	时间	处理对象	存在问题	处理结果
上海市网信办会同上海市通信管理局	4月	"上海爆料城"网站	违规发布大量时政类新闻信息，传播虚假不实信息，严重扰乱互联网信息传播秩序，社会影响恶劣	根据《网络安全法》《互联网信息服务管理办法》《互联网新闻信息服务管理规定》等法律法规，停止"上海爆料城"网站备案，依法注销案，停止网站接入并将其域名列入黑名单，停止域名解析
安徽省网信办会同安徽省文化厅、安徽省通信管理局等部门	4月	500多家网络文化经营单位和涉网络游戏的应用商店	内容全面清查，安徽省网络游戏信息内容和网上色情低俗内容专项整治	依法对49家违规网站进行注销案、停止接入，关闭网站。其中，"内涵网""胜品网"等32家网站违法传播大量色情低俗信息；"信息导航网"等17家网站违法开展网络赌博活动；"九娱游戏"等19家网站游戏画面低俗，违背社会公德，相关部门对其进行约谈，限期整改
北京市网信办、市新闻出版广电局、市公安局、市文化市场行政执法总队	5月	属地重点网站	联合约谈，全面清理侮辱亵渎英烈违规信息	责令网站严格贯彻落实《中华人民共和国英雄烈士保护法》，切实履行主体责任，采取有效措施坚决抵制网上歪曲、丑化、侮辱亵渎英烈形象的违法违规行为
新疆互联网信息办公室、自治区公安厅	5月	违法违规网络信息	相关涉案人员利用互联网等平台宣扬、存储、传播涉恐怖、宗教极端、民族分裂以及谣言和虚假信息等内容的文字、图片、音视频	违反《中华人民共和国刑法》《中华人民共和国反恐怖主义法》《中华人民共和国网络安全法》《中华人民共和国治安管理处罚法》《新疆维吾尔自治区防范和惩治网络传播虚假信息条例》等法律法规，公安等部门已将有关人员依法查处

续表

部门	时间	处理对象	存在问题	处理结果
公安部网络安全保卫局	5月	境内WiFi分享类网络应用服务企业	—	向境内提供服务的119家企业提出5项指导性措施要求：一、未经本人或国家机关、企事业单位授权或同意的个人用户WiFi网络，停止分享WiFi网络，企事业单位内部非公开WiFi网络，停止分享。二、居民小区于公共服务WiFi网络周边，无法确认属于公共服务WiFi网络的，暂停分享服务。三、要通过官方网站、APP客户端公开分享服务、隐私保护和数据安全条款，接受社会和用户监督。四、要通过官方网站查询和投诉渠道，APP客户端提供WiFi网络分享所有者要求停止分享的，经核实后应当停止分享。五、要建立健全用户信息保护和鉴别，防范假冒WiFi网络的安全管理措施，发现违法犯罪活动及时向公安机关报告
上海市通信管理局	5月	上海连尚网络科技有限公司	上海连尚网络科技有限公司互联网业务产品"WiFi万能钥匙"未提供可靠机制保证共享WiFi密码的用户为WiFi热点所有者或征得其所有者的同意而分享	依据《中华人民共和国网络安全法》第四十一条、第六十四条，责令改正并处处罚款人民币伍万元
浙江省网信办会同杭州市网信办	5月	微信公众号"二更食堂"	发布低俗文章	要求全面清理违规有害信息，严肃处理有关责任人，并限时提交整改报告。同时，"二更食堂"公众号被微信平台封号7天

续表

部门	时间	处理对象	存在问题	处理结果
湖南省网信办联合相关部门	5月	湖南新闻网	"湖南新闻网"冒用湖南新闻网网站名称，不仅未履行备案手续，还自称为中国新闻网站联盟成员，长期从事"以报道湖南本地新闻、时事新闻为主，并发布国内外经济、社会、时事资讯以及相关实用信息"，违规发布了大量署名"湖南新闻网"的时政新闻，违反了《互联网新闻信息服务管理规定》等相关法律法规，情节恶劣，严重影响了湖南省网络新闻传播秩序	依法封堵了假冒时政新闻网站"湖南新闻网"
河北省网信办	6月	属地网站	对属地一批涉嫌从事违法违规采编行为的网站进行清理，其中对中华时报网、中华卫视网络台、中国监督网等违法行为进行了重点整治	河北省网信办依法依规查处27家违法违规网站。其中，涉嫌网络诈骗网站4家；涉赌博游戏网站15家；涉低俗色情网站8家。清理有害信息5992条。其中，色情低俗庸俗类信息132条；违规采编假新闻类1789条；谣言和虚假假新闻类5条，其他有害信息4005条；侵权假冒类11条
湖南省网信办联合相关部门	6月	以"张家界新闻网""常宁市安全生产监督管理局""郴州市人力资源和社会保障局"等名义开设的6家非法网站	冒用党政机关名字，未进行ICP备案登记及ICP备案登记信息不实，且利用用服务器在境外接入的途径逃避主管部门的监管，违反了《互联网新闻信息服务管理规定》《非经营性互联网信息服务备案管理办法》等相关法律法规且情节严重，造成了不良社会影响	依法封堵关停了6个假冒网站和2个微信公众号

续表

部门	时间	处理对象	存在问题	处理结果
上海市网信办	6月	微信公众号"子老板的9亩地"	微信公众号"子老板的9亩地"（微信号：Yu1-studio）发布"嫌疑人因子女被学校劝退，75万元赞助费未归还引发报复"等不实信息，引发大量转载，造成恶劣的社会影响	根据《网络安全法》《互联网信息服务管理办法》《即时通信工具公众信息服务发展管理暂行规定》等法律法规，上海市网信办已协调此微信公众号部门注销此微信公众号
国家网信办会同广电总局，文化和旅游部、属地网信办	6月	"美拍"	"美拍"网络直播短视频平台传播涉未成年人低俗不良信息，破坏网络生态，严重影响青少年身心健康	依据《网络安全法》《互联网直播服务管理规定》等法律法规，责令"美拍"进行全面整改，彻底自查自清存量违法违规和低俗视频内容，严格注册审核和内容巡查。广电总局、文化和旅游部提出相应管理要求
国家网信办指导北京市网信办会同北京市工商局	6月	抖音、搜狗、北京多彩互动广告有限公司、北京爱普生新媒体科技有限公司、霍尔果斯宝盛广告有限公司	针对抖音在搜狗搜索引擎投放的广告中出现侮辱英烈内容问题，要求五家公司自约谈之日起启动广告业务专项整改	约谈要求五家公司全面自查清理涉侮辱调侃英雄烈士信息，不得将邱少云等英雄烈士的姓名、肖像用于商业广告，损害英雄烈士的名誉、荣誉；对所有广告审查人员、信息安全审查人员进行政策法规、社会主义核心价值观和革命历史教育培训；完善广告审查机制，将广告审查纳入总编辑负责制；切实落实公共信息巡查，应处置网络安全主体责任制度

续表

部门	时间	处理对象	存在问题	处理结果
新疆互联网信息办公室、自治区公安厅	6月	违法违规信息	相关涉案人员利用互联网等平台宣扬、存储、传播涉暴力恐怖、宗教极端、民族分裂以及谣言和虚假信息等内容的文字、图片、音视频	违反《中华人民共和国刑法》《中华人民共和国反恐怖主义法》《中华人民共和国网络安全法》《中华人民共和国治安管理处罚法》《互联网信息服务管理办法》《新疆维吾尔自治区防范和惩治网络传播虚假信息条例》等法律法规，公安等部门已将有关人员依法依规查处
天津市互联网信息办公室联合市国土房管局	6月	"天津大拿"微信公众号	"天津大拿"微信公众号于2018年6月13日发布《人才引进后，天津房价最新格局彻底变了!》一文，并被部分媒体及网民转发，文内相关数据未经核实，该微信公众号开设"新闻爆料"栏目，未经许可开展互联网新闻信息服务活动	要求"天津大拿"微信公众号负责人按照约谈提出的整改要求，对历史存量信息进行全面自查，彻底清理违法违规信息和栏目。同时，要加强互联网法律法规的学习，加强内容审核，做到依法办网
国家网信办会同工信部、公安部、文化和旅游部、广电总局，全国"扫黄打非"办公室等五部门	7月	19款网络短视频平台	"内涵福利社"等19家网络短视频平台，在管理部门三令五申的情况下，仍然恣意妄为，放任传播低俗、恶搞、荒诞甚至色情、暴力等违法和不良信息，盗用篡改他人版权影视作品，炮制推荐"标题党"内容，背离社会主义核心价值观，给广大网民特别是青少年网民造成严重不良影响，违规情节严重，社会反映强烈	根据《网络安全法》等相关法律法规，国家网信办会同五部门依法关停"夜都市Hi""发你视频"3款网络短视频应用并在应用商店下架;联合约谈"哔哩哔哩""秒拍""56视频"等16家网络短视频平台相关负责人，对其中12家平台作出应用商店下架处置，要求平台企业对网民负责、对社会负责，作出全面整改

续表

部门	时间	处理对象	存在问题	处理结果
工业和信息化部网络安全管理局会同北京、上海等通信管理局	7月	上海携程商务有限公司、深圳市腾讯计算机系统有限公司、上海洋码头网络技术有限公司、北京弹幕网络科技有限公司、北京爱奇艺科技有限公司、探探文化发展（北京）有限公司等企业	针对媒体公开报道和用户投诉较为集中的"部分应用随意调取手机摄像头权限、用户订单信息泄露引发诈骗案件、用户信息过度收集和滥用"等网络数据和用户个人信息安全突出情况，对相关企业进行问询，初步认定上海洋码头网络技术有限公司存在用户个人信息泄露风险、用户个人信息安全管理制度不完善、用户个人信息泄露补救措施不到位等问题	对该企业相关负责人进行了约谈，责令企业限期整改，并提交整改报告
北京市网信办、市公安局	7月	脉脉	匿名版块存在用户匿名发布谣言侮辱诽谤他人、侵犯他人名誉、隐私等合法权益的问题	责令限期关闭匿名发布信息功能，加强用户管理，全面整改
国家网信办指导上海市网信办和北京市网信办	8月	"好奇心日报"	未经许可长期擅自从事互联网新闻信息服务、开设原创新闻栏目、组建"新闻采编团队"等问题	要求"好奇心日报"进行为期一个月的全面整改，整改期间（8月3日至9月2日）"好奇心日报"网站、应用程序暂停内容更新，微信公众号等多个账号一律禁言，"好奇心日报"应用程序在应用商店下架。同时根据前期执法调查结果，上海市网信办依法对上海佩内文化传播有限公司作出罚款的处罚决定

续表

部门	时间	处理对象	存在问题	处理结果
上海市通信管理局	8月	本市80余家互联网企业及其260余项互联网业务的用户账号	上海晨之科信息技术有限公司、家乐福（上海）电子商务有限公司等20家企业存在账号无法注销或注销困难等情况，用户信息保护工作落实不力，网络账号注销服务问题突出	依据《网络安全法》第四十三条、《电信和互联网用户个人信息保护规定》（工业和信息化部令第24号）第九条规定，就用户账号注销难等问题约谈通报相关企业，并责令其立即整改
浙江省网信办联合省军区转业办及杭州市网信办	8月	微信公众号"浙江军转在线"	"浙江军转在线"运营主体未能切实履行主体责任，使用与省军转办官方微信公众号近似的名称，混淆视听，同时转业疏于内容管理，长期发布涉及其他军队干部转业安置的新闻资讯及其军队敏感信息和内部资料，其行为对军队干部的转业安置工作造成了负面影响	浙江省网信办依据《网络安全法》《互联网新闻信息服务管理规定》《互联网用户公众账号信息服务管理规定》等法律法规，要求"浙江军转在线"微信公众号不得违规发布涉军新闻信息、涉军敏感信息、涉军虚假信息等有害信息，公众号不得使用炒作等涉军负面舆情。相关网站、公众号不得自行开展自查自纠，不得清理各类涉军有害信息并加强对发布信息各类应急处理机制，及时处理各类违规信息。全面清理各类涉军有害信息，完善应急处理各类违规信息
浙江省网信办联合杭州市网信办	9月	杭州橙群网络科技有限公司	"橙群科技"网站及"本地头条"移动端客户端在未取得互联网新闻信息服务资质的情况下，擅自发布、转载新闻信息，并提供传播平台服务，其行为违反了《网络安全法》《互联网新闻信息服务管理规定》等相关法律法规	江省网信办依据《网络安全法》《互联网信息服务管理办法》《互联网新闻信息服务管理规定》等法律法规，要求"橙群科技"网站和移动客户端立即停止发布新闻内容，同时加强对已发布各类有害信息的监看、巡查，及时处置各类有害信息，同时加强对入驻用户的管理，完善各类相关管理制度及处罚措施并加强对栏目推荐内容的管理，确保不出现误导性偏差

续表

部门	时间	处理对象	存在问题	处理结果
广东省通信管理局	7—9月	相关11家企业	经网络安全检测，共有11家企业的网站存在不同类型的高危漏洞，安全隐患问题突出。不法分子可利用这些网站漏洞入侵系统，窃取用户敏感信息，发布、传播不良信息，严重威胁国家和社会安全以及用户的合法权益	依据《网络安全法》第二十一条和工信部11号令《通信网络安全防护管理办法》第十九条，责令11家企业及时整改，对于拒不整改的，将按规定予以处罚
工业和信息化部	7—9月	48家手机应用商店的应用软件	发现违规软件53款，涉及违规收集使用户个人信息、恶意"吸费"、强行捆绑推广其他应用软件等问题	已责令下架
工业和信息化部	7—9月	62家互联网企业及65项互联网服务	发现12家互联网企业存在未公示用户个人信息收集使用规则、未告知查询更正信息的渠道、未提供注销账号服务的问题	已督促整改
国家互联网信息办公室指导北京市互联网信息办公室	9月	凤凰网部分频道、"凤凰新闻"客户端及凤凰网WAP网站	凤凰网部分频道、"凤凰新闻"客户端及WAP网站传播违法不良信息，歪曲篡改新闻标题原意，违规转载新闻信息等问题	责令立即停止违法违规行为，全面深入整改。整改期间，凤凰网资讯频道、财经频道自9月15日至10月10日15时停止更新，科技频道自9月26日至10月26日15时停止更新；客户端"凤凰新闻"自9月26日15时至10月10日15时停止更新；凤凰网WAP网站自9月26日至10月10日15时停止更新
北京市住建委、网信办	9月	58集团	58集团旗下58同城、赶集网、安居客等产品未能有效履行平台监管责任，导致平台上长期大量存在出售"小产权"、出租"群租房"等严重违法违规的房源信息和从事房地产经纪业务的"黑中介"内容，经督查促整改效果不明显	责令立即开展专项整治，整治期间（自9月21日18时至9月25日18时止）暂停其网站所有北京房源信息发布

续表

部门	时间	处理对象	存在问题	处理结果
新疆互联网信息办公室、自治区公安厅	10月	违法违规信息	相关涉案人员利用互联网等网络平台编造和传播涉治类谣言信息的文字、图片	违反《中华人民共和国治安管理处罚法》《互联网信息服务管理办法》《新疆维吾尔自治区防范和惩治网络传播虚假信息条例》等法律法规，公安机关对有关涉案人员予以行政处罚
北京市网信办	10月	360doc个人图书馆	未能有效履行平台监管责任，导致平台上长期大量存在严重违法违规信息，经督促整改促整改效果不明显	责令立即开展专项整治进行全面整改，整治期间（自10月15日16时至11月15日16时止）网站停止服务
国家网信办	11月	腾讯微信、新浪微博等自媒体平台	主体责任缺失，疏于管理，放任野蛮生长，造成种种乱象	提出严重警告
国家网信办	11月	百度、腾讯、新浪、今日头条、网易、搜狐、一点资讯、UC头条、知乎等10家客户端自媒体平台	自媒体乱象	责成平台企业切实履行主体责任，按照全网一个标准，全面自查自纠。在约谈中，要求各平台立即对涉黄低俗色情、"大扫除"，黑公关、洗稿圈群、以及刊发违法违规广告、捅人二维码或链接违法违规广告，恶意炒作营销等问题账号；同时，要坚持标本兼治、长效治理，全面清理僵尸粉、僵尸号，控增量、清存量，改进推荐规则，采取有力有效措施清理注册僵尸模型、完善内容管理系统、健全各项算法，坚决遏制自媒体乱象

续表

部门	时间	处理对象	存在问题	处理结果
工业和信息化部网络安全管理局	11月	7家电信企业，包括南京途牛科技有限公司、阿里云计算有限公司、上海帝联网络科技有限公司、郑州市景安网络科技股份有限公司、上海携程商务有限公司、武汉长城宽带网络服务有限公司、成都西维数码科技有限公司	南京途牛科技有限公司：1. 未明确网络安全责任部门和责任人；未对正式上线运行的系统及内部系统备案；安全风险评估范围及内容未覆盖所有对外提供服务业务系统及重要内部系统；业务系统和设备存在多处高中危级别漏洞。2. 未建立数据收集、共享、销毁等环节的管理规定，未针对数据保护情况建立自查并开展自查。3. 未建立企业新业务安全评估制度 阿里云计算有限公司：1. 未对正式上线运行的系统进行定级备案。2. 未建立互联网信息安全管理制度和运维管理制度 上海帝联网络科技有限公司：1. 未建立和互联网信息安全管理系统同步配套的互联网信息安全管理制度；互联网信息安全管理系统功能和性能不符合相关行业标准要求。2. 未对数据进行分类管理，未建立数据权限管理、操作访问日志审计机制	针对检查发现的问题，责令企业进行整改

续表

部门	时间	处理对象	存在问题	处理结果
工业和信息化部网络安全管理局	11月	7家电信企业，包括南京途牛科技有限公司、郑州市景安网络科技股份有限公司、上海帝联网络科技有限公司、阿里云计算有限公司、上海携程商务有限公司、武汉长城宽带网络服务有限公司、成都西维数码科技有限公司	郑州市景安网络科技股份有限公司：1. 未对正式上线运行的系统进行定级备案；安全风险评估范围及内容未覆盖所有对外提供服务的业务系统和设备及重要的内部系统；业务系统和设备存在多处高中危级别风险问题。2. 未建立互联网信息安全管理系统同步配套和运维管理制度。3. 未建立用户个人信息收集、使用和相关活动的工作流程和安全管理制度 上海携程商务有限公司：1. 企业提供的风险评估报告未针对系统的脆弱性等网络安全风险进行网络安全评估；企业官网存在系列高危安全漏洞。2. 未针对批量导出、复制、销毁信息审查机制。3. 未建立新业务安全评估制度 武汉长城宽带网络服务有限公司：1. 未明确网络安全责任部门和责任人；安全风险评估范围及内容未覆盖所有对外提供服务的业务系统和设备存在高中危级别漏洞；业务系统、使用用户个人信息收集、使用和相关活动的工作流程和安全管理制度	针对检查发现的问题，责令企业进行整改

续表

部门	时间	处理对象	存在问题	处理结果
工业和信息化部网络安全管理局	11月	7家电信企业，包括南京途牛科技有限公司、阿里云计算有限公司、上海帝联网络科技有限公司、郑州市景安网络科技股份有限公司、上海携程商务有限公司、武汉长城宽带网络服务有限公司、成都西维数码科技有限公司	成都西维数码科技有限公司：1. 未定期开展网络安全应急演练，未对正式上线运行的系统进行定级备案；未对外提供服务范围内容覆盖所有重要的内部系统；业务系统和设备存在高中危级别风险问题。2. 未对工作人员及代理人实行权限管理，对批量导出、复制、销毁信息实行审查；未建立数据保护情况自查制度并开展自查工作；未建立数据安全事件（泄露、毁损、丢失）向主管部门报告机制。3. 互联网信息安全管理系统功能和性能不符合相关行业标准要求	针对检查发现的问题，责令企业进行整改
新疆互联网信息办公室、自治区公安厅	11月	违法违规信息	相关涉案人员利用互联网等平台宣扬、存储、传播涉恐、暴力恐怖、宗教极端、民族分裂以及谣言和虚假信息等内容的文字、图片、音视频	违反《中华人民共和国刑法》《中华人民共和国治安管理处罚法》《互联网信息服务管理办法》《中国共产党纪律处分条例》《关于规范党员干部网络行为的意见》等，纪检监察部门及公安机关已对相关人员依法依规予以查处

续表

部门	时间	处理对象	存在问题	处理结果
工业和信息化部信息通信管理局	12月	苏州同程艺龙网络科技有限公司	针对网民反映的同程艺龙微信小程序中"12306畅行会员"服务存在个人信息保护认为通会员协议等用户信息核查，对照《中华人民共和国网络安全法》《全国人民代表大会常务委员会关于加强网络信息保护的决定》《电信和互联网用户个人信息保护规定》（工业和信息化部令第24号）等有关规定，同程艺龙微信小程序存在未公示用户个人信息收集使用规则、默认勾通用户12306畅行会员协议、未履行部分服务承诺的问题	要求同程艺龙公司应当本着充分保障用户知情权和选择权的原则立即进行整改，切实维护用户合法权益。要求深圳市腾讯计算机系统有限公司对所分发的应用小程序加强管理
国家网信办	12月	违法违规APP	履行主体责任不力，客观上为违法违规APP提供接入通道、扩散渠道。利用QQ群、论坛、社区等链接等方式，引诱用户扫描二维码和分享链接等方式，引诱用户下载各类违法违规APP，造成移动网络乱象丛生	依法关停下架"成人约聊""两性私密圈""澳门金沙""夜色的寂寞""全民射水果"等3469款涉黄涉赌、恶意扣费、诱骗诈骗、违规游戏、不良学习类APP；对集约谈28家应用商店、社交云平台和云服务企业，要求立即对各自平台进行全面排查，认真开展自查自纠，积极主动参与违法违规APP乱象专项整治行动，清理违法商店、屏蔽恶意链接，清查接入服务

（四）2019 年网信领域执法案例[①]

部门	时间	处理对象	存在问题	处理结果
国家互联网信息办公室指导北京市互联网信息办公室	1 月	百度部分产品和频道以及搜狐 WAP 网、搜狐新闻客户端	传播低俗庸俗信息，严重破坏网上舆论生态等问题	责令立即全面深入整改，整改期间，百度手机网页版、百度新闻客户端"推荐频道""百度 APP"女人频道""情感频道""搞笑频道"自 1 月 3 日 15 时起暂停更新一周。搜狐 WAP 网新闻客户端、搜狐新闻客户端"新闻频道"自 2019 年 1 月 3 日 15 时起暂停更新一周
上海市网信办	1 月	上海佰集信息科技有限公司运营的"简书网"	在未获得互联网新闻信息服务资质的情况下，违规登载新闻信息，且内容导向存在偏差，扰乱网络信息传播秩序	约谈"简书网"负责人，责令其停止违法违规行为，开展全面深入整改。同时根据前期执法调查结果，上海市网信办依法对上海佰集信息科技有限公司作出罚款的处罚决定
陕西省汉中市互联网信息办公室	1 月	"汉中都市网""汉中一点通""汉中业主""汉中故事会"4 家微信公众号	主体责任落实不实，日常管理不到位，主要存在备案信息不完善，违规转载发布新闻信息等行为	对主体责任人依法依规进行了约谈

[①] 案例来源：政府相关部门官方网站。

续表

部门	时间	处理对象	存在问题	处理结果
安徽省网信办	2月	"安徽微资讯""安徽事""美丽五河""宿松老乡缘"等35个微信公众号	"安徽微资讯""安徽事""美丽五河""宿松老乡缘"等15个微信公众号长期违法传播大量低俗情色信息，制造传谣，扰乱正常社会秩序；"美丽五河"等20个微信公众号违规发布不实信息，利用"标题党"蹭热点营销、借助粉丝关注进行非法营销等，破坏正常经济秩序	账号被依法关闭或被依法暂停更新
安徽省网信办	2月	"红宝石娱乐""通宝娱乐""微云秀""口袋漫画""来不拒"等41家网站	"红宝石娱乐""微云秀""通宝娱乐、博彩信息；"口袋漫画""来不拒"等10家网站传播低俗情色信息；假冒政府网站"滁州市琅琊区人民政府"发布不实政府信息；假冒新闻网站"芜湖新闻网"违规从事互联网新闻信息服务	41家网站严重违反《网络安全法》《互联网信息服务管理办法》等法律法规，被依法予以关闭
安徽省网信办	3月	假冒"安徽省住房和城乡建设网""霍山教育网""鸠江教育网""凤阳新闻网"等4家网站，"休宁微生活网""今日望江""岳西老乡""岳西老乡群""宿松老乡缘"5个微信公众号	假冒"安徽省住房和城乡建设网""霍山教育网"3家网站，发布虚假政务信息，扰乱政府部门门户网上政务信息服务秩序；假冒"凤阳新闻网"假冒当地新闻网站，发布大量新闻信息，干扰正常新闻传播秩序；"休宁微生活""今日望江""岳西老乡""宿松老乡缘"5个微信公众号，违规发布不实信息，传播大量低俗信息，利用"标题党"蹭热度传播流量，恶意炒作，造谣传谣，扰乱互联网信息传播秩序	均被依法关闭或关停

续表

部门	时间	处理对象	存在问题	处理结果
黑龙江省网信办	3月	网站"清晰的空气"	在网页中发布大量含有公民个人信息，含有公民个人姓名、身份证号等个人信息，严重侵害了公民个人隐私，造成恶劣的社会影响。经网站核查，该网站违反《中华人民共和国网络安全法》第四十条"网络运营者不得泄露、篡改、毁损其收集的个人信息""未经被收集者同意，不得向他人提供个人信息"等相关规定	依据《中华人民共和国网络安全法》第四十二条"可以责令暂停相关业务，停业整顿，关闭网站"相关要求，迅速协调相关部门和平台，依法注销其主体备案号
山东省互联网信息办公室	4月	"亚洲城""幸运彩""澳门网投"等128家网站	传播非法赌博、博彩、聚众赌博信息，严重违反《网络安全法》《互联网信息服务管理办法》等法律法规	依法予以关闭
安徽省网信办会同电信主管部门	4月	违法网站21家，违规违规微信公众号6个	假冒"黄山市道路运输管理处""定远广播电视网""宣城新闻网"等7家假冒政府网站或新闻网站，发布大量虚假政务信息和新闻信息，误导网民。"合肥金诚天誉塑艺有限公司""天长市誉天驾驶员培训有限公司"等7家网站开设网络赌博平台，传播网络赌博等有害信息。"泰乐平安""小象过河""每日安徽""我们的太湖""安庆百事网""怀宁老乡""怀宁老乡会""宿松老乡"6个微信公众号，传播大量低俗色情低俗信息，采用标题迷信信息，封建迷信等信息，恶意抄作流量、恶意炒作，造谣传谣	关闭违法网站21家。有关平台依照其用户服务协议关闭违规微信公众号6个

续表

部门	时间	处理对象	存在问题	处理结果
安徽省网信办会同省通信管理局	5月	10家假冒网站，9个违法违规微信公众号	"铜陵市妇联官网""六安市运政信息网""泾县教体信息网"等5家假冒网站，大量发布虚假政务信息，误导网民，扰乱政府部门网上政务信息服务秩序。"安徽新闻网""池州新闻网""天长新闻网"等5家假冒新闻网站，登载大量未知来源的新闻信息，干扰正常新闻信息传播秩序。"滁州南谯新闻""安徽信息查询""滁州微信公众号""凤阳老乡"等9个微信公众号，违规发布不实信息，传播大量色情低俗信息，利用"标题党"蹭热度刷流量、恶意炒作，造谣传谣	依法关闭10家假冒网站，有关平台依照其用户服务协议关闭9个违法违规微信公众号
贵州省通信管理局	4—6月	41家违法违规网站	"思南在线网""手机彩购""手机彩购"等28家网站涉及传播非法博彩信息，"奇昂网""酷内裤""酱爆鸭块网"等7家网站涉及传播淫秽色情信息，6家网站涉及违规从事互联网新闻信息服务及其他违法违规信息	依法予以关闭网站、注销网站备案并加入黑名单管理
上海公安网安部门	7月	购物导流平台"惠花花"和"小鸟浏览器"2款APP运营企业	购物导流平台"惠花花"APP运营企业，未落实公民个人信息保护安全技术措施，并存在未向公安机关备案、未建立网络安全保护管理制度、未落实网络安全保护技术措施等违法违规行为	依法对"惠花花"APP运营企业"上海奥璨电子商务有限公司""小鸟浏览器""吞炙（上海）网络科技有限公司"分别处以停机整顿3个月和停机整顿1个月行政处罚

续表

部门	时间	处理对象	存在问题	处理结果
北京市、上海市"扫黄打非"办公室联合网信、新闻出版和文化执法等部门	7月	晋江文学城、番茄小说、米读小说运营企业3个	传播网络淫秽色情出版物等问题	责令晋江文学城网站及移动客户端自7月15日20时起停止更新、停止经营性业务15天，在网站、移动客户端首页登载整改公告，并予相关行政处罚；番茄小说移动客户端于7月15日20时起停止更新、停止经营性业务3个月，并在首页登载整改公告；米读小说网站及移动客户端自7月16日12时起停止更新、停止经营性业务3个月，并在网站、移动客户端首页登载整改公告。整改期间，上述企业必须深入彻底清理问题内容，严格审核处置机制，确保不再出现淫秽色情等有害作品传播情况
国家新闻出版署	7月	咪咕阅读、天翼阅读、网易文学、起点中文网、红袖添香网、追书神器、爱奇艺文学等12家企业	部分网站仍充斥低俗内容，一些网站小说简介或配图、标题有暗示性、挑逗性，"主编推荐""全网热销"栏目大量推介模式雷同、情节荒诞的作品；有的网站通过带有暗示、激性内容诱导用户；有的网站设置"全网热销"栏目，大量推介模式雷同、情节荒诞的作品，宣扬拜金主义、享乐主义；个别网站为逃避平台内容审查责任，利用平台即时聊天工具传播淫秽色情内容	对发现的网络文学内容低俗问题，提出严肃批评，责令全面整改，要求相关单位立即下架存在问题的网络小说，停止征文活动，清理低俗宣传推介内容，健全内容把关相关机制

续表

部门	时间	处理对象	存在问题	处理结果
安徽省网信办会同省通信管理局	7月	11家违法违规网站和5个微信公众号	"合肥安炼智能科技有限公司""在线论文网"等8家网站发布淫秽色情、赌博、封建迷信等有害信息。假冒"安徽省住房和城乡建设厅""安徽省档案馆"等3家政府单位网站,大量发布虚假政务信息,误导网民,扰乱政府部门网上政务信息服务秩序。"指尖马鞍山""都市大生活""都市云乐街""云乐街""城市网"5个微信公众号传播大量色情低俗信息,利用"标题党"蹭热度刷流量,恶意炒作,造谣传播,扰乱互联网信息传播秩序	依法取消8家违规网站备案,关闭3家假冒政府网站,协调有关平台依法关闭5个违法违规政府网站。依照其用户服务协议关闭5个违规微信公众号
黑龙江省委网信办	7月	"安康网""七非免费电脑算命""华辉网""法观网""中国民生报网""中国现代教育网""网二级网页""鸡西网""生活"7家违法违规网站和微信公众号	"安康网(域名:ankangwang.com)""七非免费电脑算命(域名:7fei.com)"互联网备案网页涉嫌封建迷信思想;"华辉网(域名:028huahui.com)"未经许可违规从事互联网信息服务并传播淫秽色情信息;"法观网(域名:xgmsbb.org)""中国民生报网(域名:faguan365.net)""中国现代教育网二级网页(域名:cn)""网二级网页(域名:hrb69.30edu.com.cn)",编造散播、违规发布虚假信息,误导社会公众,扰乱社会和谐稳定秩序,影响社会公共生活;"鸡西网"微信公众号,以惊悚骇人的标题吸引眼球,引起人们关注,借此违规发布不实信息和侮辱性言论,抹黑国家公职人员,影响政府形象,影响恶劣	依据《网络安全法》《互联网信息服务管理办法》《互联网新闻信息服务管理规定》《互联网用户公众账号信息服务管理规定》等法律法规,按照属地管理原则,立即停止上述网站有关信息传输,并保存有关记录,依法网站依规关闭相关网站,注销相关账号

续表

部门	时间	处理对象	存在问题	处理结果
安徽省网信办	8月	"21家违法违规网站和8个微信公众号"	"未来的美好"等4家网站传播大量低俗、色情信息;"小故事"等14家网站传播赌博、非法博彩等信息;"中国县域新闻网"无新闻采编资质,违规采编发布新闻信息;"资讯吧"违规登载暴力恐怖信息;"互站网"存有大量色情、赌博、侵权等有害信息;"池州圈子""精彩砀山"等6个微信公众号违规发布不实信息,传播大量色情低俗信息,利用"标题党"蹭热度刷流量,恶意炒作,造谣传谣,扰乱互联网信息传播秩序;"东至大城小事""涡阳生活前沿"2个微信公众号多次违规发布不实、低俗信息	"未来的美好"等4家网站传播大量低俗、色情信息,"小故事"等14家网站传播赌博、非法博彩等信息,上述18家违法违规网站被依法关闭;依法约谈"中国县域经济网""资讯吧""互站网"3家网站,责令进行整改;严肃指出问题,"中国县域经济网""资讯吧"2家网站现已自行关停,"互站网"已对违法违规信息进行集中清理;"池州圈子""精彩砀山"等6个微信公众号被依法关闭;"东至大城小事""涡阳生活前沿"2个微信公众号被暂停更新30天
黑龙江省网信办	9月	"激情图片""微商""快乐时时彩""名牧证道"等5家违法违规网站和微信公众号	"激情图片(域名:weishang.xingyebao.com/seller/photoPage/index?mid=1459756)"未经许可违规从事互联网信息服务并传播淫秽色情信息;"快乐时时彩(域名:acetech21.com)"入侵某企业网站并传播赌博类信息,破坏社会公序良俗,扰乱社会公共秩序;"微商(域名:222bbn.net)""名牧证道"微信公众号,违反《宗教事务条例》第四十七条、第四十八条和第六十八条相关规定,违规从事互联网宗教信息服务;"龙江先锋网"官方网站仿冒官方网站(域名:yc-mofang.com)的网站,发布虚假信息误导群众,严重损害国家机关的权威和公信力	依据《网络安全法》《互联网信息服务管理办法》《互联网新闻信息服务管理规定》《互联网用户公众账号信息服务管理规定》《宗教事务条例》等法律法规,立即停止传输相关信息,并保存有关记录,按照属地管理原则,依法依规关闭相关网站,注销相关账号,对境外的网站设在境外的网站停止解析并限制转移

（五）最高人民法院发布的互联网典型案例①

案件名称	基本案情	判决结果	典型意义
重庆市阿里巴巴小额贷款有限公司诉陈壮壮小额贷款合同纠纷案	2015年7月25日，重庆市阿里巴巴小额贷款有限公司（以下简称阿里商贷公司），与陈壮壮在双方签订《网商贷借款合同》，约定借款方式。其中，对"送达方式""送达地址"及可适用的程序范围、地址变更方式，因过错导致文书未送达的法律后果进行了特别约定。合同签订后，阿里小贷公司发放贷款，但陈壮壮群未依约还款付息，故阿里小贷公司发起诉讼。审理过程中，法院通过12368诉讼服务平台，向被告陈壮壮群支付宝账户绑定的手机号码发送诉讼文书，平台系统显示发送成功。陈壮壮群无正当理由拒不到庭参加审理，法院依法缺席审理	杭州铁路运输法院（现为杭州互联网法院）于2017年6月25日作出（2017）浙8601民初943号民事判决：陈壮壮群返还阿里小贷公司借款本金并支付利息、违约金、律师费等费共计587158.25元。一审宣判并送达后，原、被告均未提出上诉，该判决均已发生法律效力	"送达难"一直是困扰审判工作的问题之一，严重影响司法效率，降低了司法公信。本案中，当事人在签订合同时经合意达成了诉前约定送达条款，虽然其在诉中由法院引导填写、统一的印制格式等形式不尽相符，但是只要其满足了实质要件，能够在保障当事人诉权的前提下有效解决送达难题，是一种更便捷、高效的送达。因此，本案例确认，当事人在诉前相关合同中对电子送达方式、电子送达地址及法律后果做出明确、具体约定的，该约定具有相当于《送达地址确认书》的效力。人民法院在诉讼过程中可以直接适用电子送达方式向诉前约定的电子送达地址送达裁判文书、调解书、裁定书以外的诉讼文书

① 本表案例均来自最高人民法院官方网站。其中，案例1—10为最高人民法院发布的第一批涉互联网典型案例，案例11—20为最高人民法院发布的10起利用互联网侵害未成年人权益的典型案例，参见http://www.court.gov.cn/zixun-xiangqing-112611.html。

见http://www.court.gov.cn/zixun-xiangqing-99432.html，最后访问时间：2019年10月25日。

续表

案件名称	基本案情	判决结果	典型意义
徐瑞云诉敬子桥、浙江淘宝网络有限公司网络购物合同纠纷案	徐瑞云在敬子桥经营的淘宝网络交易平台网店中购买了俄罗斯进口奶粉。根据我国出入境口食品安全管理办法》的规定，对向我国境内出口食品的境外食品生产企业实施注册制度。经查询我国国家认证认可监督管理委员会发布的《进口乳品境外生产企业注册名单》，在"进口奶品"中未查见"俄罗斯"敬子桥的全部进口食品应具备的境外生产企业注册资料。敬子桥也无法提供进口食品销售的前述食品检验检疫等资料。徐瑞云认为敬子桥销售的食品系未经检疫的食品，同时，淘宝公司作为网络服务提供者未对进入其平台销售的商品进行审核，对交易服务平台的监管存在过错，故诉至法院	上海铁路运输法院于2017年9月11日作出（2017）沪7101民初318号民事判决，判令被告敬子桥退还原告徐瑞云货款5043.50元及赔偿50435元等。一审判决后，双方当事人均未上诉，本案判决现已生效	食品安全关系人民群众的生命与健康，对于食品安全稳定、经济发展具有重大影响。进口食品必须符合我国国家标准，经营者应当承担相应的法律责任。本案中，被告敬子桥进口销售的俄罗斯进口奶粉不是我国目前准入的食品，且被告敬子桥也无法提供进口食品所应具备的资料，故认定涉案奶粉属于不符合食品安全标准的食品。因被告敬子桥销售明知是不符合食品安全标准的食品，原告要求退还货款并支付价款十倍的赔偿金，于法有据，法院予以支持。被告浙江淘宝网络有限公司对被告敬子桥的主体信息、经营资质进行了审核，并在原告徐瑞云维权时提供了销售商名称、地址和有效联系方式，涉案商品也已及时下架处理，其已经履行了注意义务，不应承担连带赔偿责任

续表

案件名称	基本案情	判决结果	典型意义
浙江淘宝网络有限公司诉许文强等网络服务合同纠纷案	2009年，许文强在淘宝网注册，开设网店销售酒类产品，其在注册时与浙江淘宝网络有限公司（以下简称淘宝公司）签署了《淘宝平台服务协议》，约定：不得在淘宝平台上销售侵犯他人知识产权或其他合法权益的商品/服务。然而在2014年11月至2015年9月间，许文强在淘宝平台上销售假酒，之后被四川省宜宾五粮液集团有限公司以商标权受到侵犯为由提起诉讼，法院判决其支付7万元。同时，许文强及其作为股东设立的一人有限公司上海舜鸣贸易有限公司（以下简称舜鸣公司）违反了服务协议。淘宝公司诉称，许文强网店售假行为违反服务协议约定，给淘宝网声誉造成巨大负面影响，淘宝公司为打击售假行为，投入大量人力物力，产生相应损失，要求许文强及其公司赔偿损失及律师费等共计12万余元。许文强辩称，许文强公司的经济受到诉求要求赔偿。舜鸣公司辩称，许文强公司的经济受到诉求要求赔偿，出售侵犯五粮液的行为已经受到诉讼之前的销售行为再起诉淘宝公司不应对其参与经营之前的销售行为承担责任	上海市松江区人民法院于2017年9月21日做出（2017）沪0117民初7706号民事判决：一、许文强于判决生效之日起十日内赔偿淘宝公司合理支出13000元；二、许文强于判决生效之日起十日内赔偿淘宝公司损失2000元；三、驳回淘宝公司其余诉讼请求。宣判后，淘宝公司和许文强提出上诉。上海市第一中级人民法院于2018年1月16日做出（2017）沪01民终13085号民事判决：维持上海市松江区人民法院（2017）沪0117民初7706号民事判决第三项；二、变更上海市松江区人民法院（2017）沪0117民初7706号民事判决第一项为上诉人许文强于本判决生效之日起十日内赔偿淘宝网络有限公司损失20000元；三、变更上海市松江区人民法院（2017）沪0117民初7706号民事判决第二项为上诉人许文强于本判决生效之日起十日内赔偿淘宝网络有限公司合理支出23000元	电商产业普遍存在的造假售假问题十分严重，囿于网络行为的隐蔽性，举证的根难性，技术的复杂性，电商平台自身采取的净化措施就十分重要。电商平台经营者和平台内签约经营者均有网上销售假冒的义务，不仅应当依法规范经营的义务，许文强在淘宝承担相对销售假冒的赔偿义务，也应当承担相对电商平台经营者的违约责任。电商平台追究平台假冒售假网络购物的违约责任也有权依法追究第三方交易平台经营者的责任，符合电商平台维护净化网络购物环境，也是第三方交易平台经营者的责任，有利于维护消费者合法权益，其长远利益，维护公平竞争的市场秩序

续表

案件名称	基本案情	判决结果	典型意义
王兵诉汪帆、周洁、上海舞泡网络科技有限公司网络店铺转让合同纠纷案	2014年4月9日，受让方王兵与出让方周洁、居间方上海舞泡网络科技有限公司（以下简称周洁、舞泡公司）签订《网络店铺转让合同》，约定周洁将淘宝店铺转让给王兵等内容。王兵通过汪帆支付转让费20000元；舞泡公司扣除佣金2000元，实际转交周洁18000元。"至诚开拓"淘宝店的经营者为汪帆，经淘宝实名认证，经实名认证的账户名为2912361468@qq.com，系争店铺的经营者者为代管人。2015年12月3日，汪帆找回了系争店铺的密码，系争店铺处于汪帆控制之下。2016年7月，王兵诉至法院，请求判令汪帆支付违约金6000元、保证金11830元；支付赔偿金100000元；双倍赔偿金100000元；支付诉讼费。二审审理中，周洁、汪帆、舞泡公司从王兵支付的20000元中扣除佣金2000元，系周洁自身经营的需要，但是周洁、汪帆表示其因系争网络店铺处，欲从周洁处退回系争网络店铺，故汪帆自己找回了系争网络店铺	上海市闵行区人民法院于2017年4月28日作出（2016）沪0112民初20679号民事判决：一、周洁于判决生效之日起十日内支付王兵20000元；二、汪帆于判决生效之日起十日内支付王兵3970元；三、驳回王兵的其余诉讼请求。宣判后，王兵、汪帆向上海市第一中级人民法院提出上诉。上海市第一中级人民法院于2017年9月15日作出（2017）沪01民终8862号二审判决：驳回上诉，维持原判	网络店铺的私自转让现实中大量存在，因此产生的纠纷亦有不断进入诉讼的趋势。该案的转让标的涉及网络店铺转让究竟转让什么，理论界和实务界并无相对统一之见解，明确了涉及网络店铺转让的裁判规则，具有一定的典型性和指导性价值。本案中，汪帆系实名认证平台账户服务协议并经营之见解，取得平台经营权，与王兵、舞泡公司签订网络店铺转让合同关系。周洁与淘宝平台认可之情况下，与王兵、舞泡公司签署网络店铺转让合同，系将上系争网络店铺转让给王兵。现周洁私自转让系争网络店铺，私自转让认可司但未征得淘宝平台同意，根据《中华人民共和国合同法》第八十八条、第八十九条之规定，该转让行为发生法律效力。故王兵以合同约定转让内容为依据，要求周洁、汪帆返还已收取转让费与王兵，现转让费已被汪帆找回国法而产生控制，且系争店铺已被汪帆找回国法，第四十二条规定，周洁理应就王兵因此产生之损失承担赔偿责任。周洁通过汪帆找回网络店铺而产生之王与网络平台普遍存在的网络店铺私自转让行为，对实际经营存在的网络店铺私自转让行为，从法律上作出了妥当评价

续表

案件名称	基本案情	判决结果	典型意义
庞理鹏诉中国东方航空股份有限公司、北京趣拿信息技术有限公司隐私权纠纷案	2014年10月11日，庞理鹏委托鲁超通过北京趣拿信息技术有限公司（以下简称趣拿公司）下辖去哪儿网平台（www.qunar.com）订购了中国东方航空股份有限公司（以下简称东航）所运营机型为长沙星沙旅游代理公司（以下简称星旅公司）的机票1张，所选订单登记的乘机人信息为庞理鹏姓名及身份证号，联系人信息均为鲁超及其尾号x×58的手机号。2014年10月13日，庞理鹏尾号x×49手机号收到来源不明的短信称由于机械故障，报销信息均为x，其所预订航班已经取消。该号码来源不明，鲁超拨打东航客服电话进行核实，且未向鲁超发送类似短信。鲁超确认东航诈骗正常，并提示庞理鹏收到的短信应属诈骗短信。2014年10月14日，东航客服电话向庞理鹏手机号发送通知短信，告知该航班取消。当晚19:43，鲁超再次拨打东航客服短信知航班时刻调整。庭审中，鲁超证明其代庞理鹏购买本案机票时曾留存庞理鹏的航常旅客，认可购买本案机票可能为东航。故东航、趣拿公司主张庞理鹏诉至法院，主张趣拿公司和东航泄露的隐私信息（包括其姓名，尾号x×49手机号、航班信息），要求趣拿公司和东航承担连带责任	北京市海淀区人民法院于2016年1月20日作出（2015）海民初字第10634号民事判决：驳回庞理鹏的全部诉讼请求。庞理鹏向北京市第一中级人民法院提出上诉。北京市第一中级人民法院于2017年3月27日作出（2017）京01民终509号民事判决：一、撤销北京市海淀区人民法院（2015）海民初字第10634号民事判决；二、北京趣拿信息技术有限公司于本判决生效后十日内在其官方网站首页以公告形式向庞理鹏赔礼道歉，赔礼道歉的持续时间为连续三天；三、中国东方航空股份有限公司于本判决生效后十日内在其官方网站首页以公告形式向庞理鹏赔礼道歉，赔礼道歉的持续时间为连续三天；四、驳回庞理鹏的其他诉讼请求	本案是由网络购票引发的涉及航空公司、网络购票平台侵犯公民隐私权的纠纷，各方当事人立场鲜明，涉及的焦点问题具有代表性和典型性。公民的个人信息包括姓名、电话号码及行程安排等信息。本案中，庞理鹏被泄露的信息包括姓名，尾号x×49手机号、行程安排等，其行程安排无疑属于私人活动信息，应该属于隐私。其个人隐私信息、技术等成本上看，趣拿公司主张的资金，技术不能也证明的能力。客观上，法律不能也是网站收集数据存在是否存在漏洞等情况进行举证证明的能力。因此，庞理鹏证明根本不具备存在漏洞证明东航、趣拿公司泄露涉案信息均未证明上述网站可能是东航和趣拿公司泄露隐私信息可能，或被黑客攻击，抑或是庞理鹏其他信息泄露归因于他人。法院在排除其他证据认定上述网站泄露庞理鹏本人，给本案泄露涉案信息能性的前提下，给本案事件存在过错。东航和趣拿公司作为自身行业的知名企业，一方面因其经营性质掌握了大量消费者的个人信息，另一方面亦有相应的能力保护好消费者的个人信息，也是其应尽的法律义务。本案泄露事件的发生，是由于航空公司、网络购票平台有过错所致的结果，网站首页认定其具有过错。综上所述，本案的审理对个人信息保护以及隐私权侵权的认定进行了充分讨论，兼顾了隐私权保护及信息传播的衡平

续表

案件名称	基本案情	判决结果	典型意义
谢鑫诉深圳市懒人在线科技有限公司、杭州创策科技有限公司等侵害信息网络作品传播权纠纷案	谢鑫享有《72变小女生》文字作品著作权。后发现深圳市懒人在线科技有限公司（以下简称懒人公司）在其经营的"懒人听书"网，通过懒人公司信息网络向公众提供涉案作品的有声读物。谢鑫从杭州创策科技有限公司（以下简称创策公司）提交文件中发现懒人公司是经过杭州创策科技有限公司（以下简称创策公司）、北京思变科技有限公司（以下简称思变公司）、北京朝花夕拾公司（以下简称朝花夕拾公司）的层层授权后被告提起诉讼，要求停止侵权、连带赔偿损失	杭州铁路运输法院（现为杭州互联网法院）于2017年6月19日作出（2016）浙8601民初354号判决，认定侵权成立，判令懒人公司、创策公司、思变公司、朝花夕拾公司共同赔偿谢鑫经济损失及为制止侵权行为所支付的合理合法开支共计人民币6100元。谢鑫不服判决提起上诉，浙江省杭州市中级人民法院经审理后于2017年9月25日作出（2017）浙01民终5386号民事判决：驳回上诉，维持原判	本案争议焦点有三：其一，作品均以形成外在的独创性表达为其前提要件，对作品的改编应以改变作品之表达，且该改变具有独创性为前提。对于文字作品而言，改编文字作品应以文字内容发生改变为前提。将文字作品制成有声读物需要经过三个步骤：朗读、录音、后期制作。无一改变了文字作品的独创性表达，因而不涉及对文字作品的复制的改编，有声读物只是以录音制品存在的复制件。其二，根据著作权法保护著作权人的权利仍应保本意，凡经营者在著作权人明确授予的权利行为，留在著作权人手中，授权行为是一种合同行为，以双方当事人达成合意为前提。一项行为是否在著作权授权范围之内，需要探明著作权人授权时的真实意思表示。本案中结合合同上下文及签约时的时间环境，不应认定在线提供有声读物属谢鑫授权范围之内。其三，上游"授权方"缺乏有效权利而向下授权他人实施行为，自身对此存在过错且行为与实际发生的、所有上游相承担连带责任。在当前立法和司法有关有声读物具体规则存在空白，而行业发展又急需明确规则的背景下，本案裁判为行业主体提供了清晰的指引，对于充分发挥司法助推文化产业健康发展具有积极作用

续表

案件名称	基本案情	判决结果	典型意义
尚客圈（北京）文化传播有限公司诉为你读诗（北京）科技有限公司、首善（北京）文化产业有限公司擅自使用知名服务特有名称纠纷案	2013年6月，尚客圈（北京）文化传播有限公司（以下简称尚客圈公司）联合北京青年报社等发起"为你读诗"公益诗歌艺术活动，同时尚客圈公司创建微信公众号"为你读诗"。每天以配乐加朗诵的形式推送一期读诗作品，同时以视频的形式展现所配诗歌内容，包括对诗歌及作者的介绍；另外，朗诵者为读诗歌的文字内容等。截至2014年9月16日，尚客圈公司共发布473期节目，参与诗歌朗诵者各行各业英与明星。因参与诗歌朗诵者的名人效应，光与明星。因参与诗歌朗诵者的名人效应，截至2014年9月，新华网、网易读书频道、新浪网、人民日报海外版、中国新闻网等媒体对参与朗诵活动以及国新闻网等媒体对参与朗诵活动以及微信公众号"为你读诗"进行了报道。截至本案起诉，微信公众号"为你读诗"的关注者数量和点播量超过136万余人，热门作品显示为你读诗"中作品阅读量和点播量超过1亿次。2014年9月至2015年6月23日，视频栏目下显示栏目累积放置在苹果应用商店推出为你读诗APP，其于2015年6月16日，首善（北京）科技有限公司（以下简称为你读诗公司）。2015年1月1日，首善（北京）文化产业有限公司（以下简称首善公司）创建名为"为你读诗官方客户端"的微信公众号。为你读诗APP的功能包括诗歌朗诵作品，配音、为你读诗官方客户端"的诗歌朗诵录制，上传分享及收听他人的诗歌朗诵作品。"为你读诗官方客户端"的微信公众号主要用于发布相关信息，首善文化公司将为你读诗信息诉至法院	北京市朝阳区人民法院作出（2015）朝民（知）初字第46540号民事判决：一、被告为你读诗科技有限公司立即停止使用为你读诗字样；二、被告首善（北京）文化产业有限公司立即停止在其企业名称中使用为你读诗字样；三、被告首善（北京）文化产业有限公司、被告为你读诗科技有限公司于本判决生效之日起七日内连带赔偿原告尚客圈（北京）文化传播有限公司经济损失人民币20万元整；五、驳回原告尚客圈（北京）文化传播有限公司其他诉讼请求。一审宣判后，为你读诗公司提出上诉。北京知识产权法院作出（2016）京73民终75号民事判决：驳回上诉，维持原判	本案的焦点问题涉及知名微信公众号名称的不正当竞争保护，首善文化公司、为你读诗公司与尚客圈公司与手机客户端如手机客户端都是以移动平台用户，服务内容都与尚客圈公司提供的是类似的服务，故为你读诗公司和尚客圈公司正当竞争关系，应受反不正当竞争法的调整。其次，尚客圈成知名服务特有名称。根据查明的事实，尚客圈公司的微信公众号发行为在我国已具有一定的市场知名度，属于相关公众知悉的服务，为你读诗公司和首善公司的被诉行为构成不正当竞争。最后，微信公众号名称的混淆可能性，而不需要实际损害后果为前提。为你读诗APP和"为你读诗"微信公众号完全相同，且"为你读诗"的名称被为你读诗APP提供的核心为你读诗服务使得相关公众在接受为你读诗服务时，容易认为该服务系由尚客圈公司提供，从而产生混淆或误认

续表

案件名称	基本案情	判决结果	典型意义
南京尚居装饰工程有限公司诉南京飞日强装饰工程有限公司著作权侵权、虚假宣传纠纷案	原告南京尚居装饰工程有限公司（以下简称尚居公司）诉称，尚居公司成立于2005年，历经12年的发展，已成为南京及周边地区较高专业化、规模化和产业化的装饰企业。2017年，尚居装饰工程有限公司（以下简称飞日强公司）发现在南京飞日强公司经营的网站从色彩、文字、图片、体例等方面抄袭了尚居公司网站的主要内容。此外，飞日强公司还将尚居公司的荣誉作为自己的荣誉进行广而告之，属于虚假宣传。故尚居公司请求法院判令飞日强公司立即删除侵权的网页内容并赔偿经济损失。被告飞日强公司著作权及不正当竞争公司辩称，被告飞日强公司网站成不构成侵权，原告涉案意义经审理由不高，请求法院驳回原告诉请。法院经审查明，被告网站多处编排设计与原告网站存在相同或相似	南京铁路运输法院于2017年9月18日作出（2017）苏8602民初564号民事判决：被告南京飞日强装饰工程有限公司立即删除其网站侵权的网页内容；被告南京飞日强装饰工程有限公司著作权及构成虚假宣传赔偿原告经济损失（含合理费用）共计人民币220000元	本案裁判认为，网站通过撰写源代码网络文字、图片、声音等组合成多种体并通过计算机编出设备进行展示，以营造丰富的视觉信息进取、表现形式及内容编排等达到一定独创性要求。网站整体可作为汇编作品进行保护。网站版面设计过程本身亦是一种素材创造的要求，网站设计者通过对多媒体信息选取、表现形式整合体现在对内容的选择与编排，其特异性体现了创造性劳动的概念与特征。精心挑选的内容是对创作在文学、艺术、科学领域做出了创造性劳动的人的合法权益进行保护。著作权是对汇编作品的合法权利人的合法权益进行保护。被告公司网设计达到权利人的合法权益。被告公司独站与原告网站高度近似的部分属于原告独创性的对内容整理与编排部分，故被告网站侵犯了原告著作权。另外，网站页面能够起到区分识别市场主体的作用，被告在其网站上擅自使用与原告相同的宣传用语，本案原、被告均属装饰企业，业务范围高度近似，注册地均在江苏省南京市、潜在顾客近似，两者存在实际的市场经营关系。本案原、被告对企业真实客群体存在交叉，显然对被告的市场经营规模、信誉产生误解，消费者对被告的市场经营规模、信誉上述行为实质上构成虚假宣传，信誉上当竞争，使得侵害了原告的商业利益

续表

案件名称	基本案情	判决结果	典型意义
中国平安财产保险股份有限公司广东分公司吴春田、北京亿心宜行汽车技术开发服务有限公司广东分公司吴春田代位求偿权纠纷案	中国平安财产保险股份有限公司广东分公司（以下简称平安保险公司）承保王司政名下车辆。保险期间内，王司政因饮酒不能驾驶，遂通过"e代驾"网络平台向北京亿心宜行汽车技术开发服务有限公司（以下简称亿心公司）请求有偿代驾服务。亿心公司接受后指派了吴春田，由吴春田提供代驾服务。王司政与亿心公司签署了《委托代驾服务协议》，王司政在委托方签名、盖章。吴春田提供代驾服务时发生交通事故，据交警部门作出的事故认定书，吴春田负事故全部责任。此次交通事故，经平安保险公司定损，王司政承诺将保险金159194元。平安保险公司遂赔付了吴春田、亿心公司起诉至法院。平安保险公司追偿部分的赔偿款转给平安保险公司，要求连带赔偿平安保险股份有限公司广东分公司经济损失159194元	广州市荔湾区人民法院作出（2016）粤0103民初5327号民事判决：一、北京亿心宜行汽车技术开发服务有限公司于本判决发生法律效力之日起十日内向中国平安财产保险股份有限公司广东分公司支付赔偿款124834元。二、驳回中国平安财产保险股份有限公司广东分公司的其他诉讼请求。广州市中级人民法院作出于2017年10月11日（2017）粤01民终13837号民事判决：一、撤销广州市荔湾区人民法院（2016）粤0103民初5327号民事判决第二项；二、变更广州市荔湾区人民法院（2016）粤0103民初5327号民事判决第一项为：北京亿心宜行汽车技术开发服务有限公司于本判决发生法律效力之日起十日内向中国平安财产保险股份有限公司广东分公司支付赔偿款124834元；三、驳回中国平安财产保险股份有限公司广东分公司的其他诉讼请求	随着网络时代的兴起，通过网约代驾平台请求有偿代驾服务越来越常见，而在代驾服务期间发生事故进而引发纠纷的情形也时有发生。提供有偿网约代驾服务的主体并不具有车损险被保险人地位，代驾司机负有责任的，保险人向造成车损，有权在赔偿范围内行使代位求偿权。本案的处理，对厘清车主、网约代驾平台及保险人系有利于维护广大车主的切身利益和规范网络代驾行业的健康发展都具有积极意义。不同于日常生活中亲朋帮忙代驾的行为，本案中代驾人系有偿提供代驾服务，并非为被保险人利益，因此代驾人不能成为第三人在涉保险的被保险标的车辆受损并涉保险的过程中造成投保车辆受损，因对被保险人在提供代驾服务的过程中造成财产构成侵权，对被保险人有权行使代偿，保险公司亦可代位行使偿权

续表

案件名称	基本案情	判决结果	典型意义
深圳市玩家文化传播有限公司申请网络强制执行案	申请执行人深圳市玩家文化传播有限公司与广州市越秀区人民法院（以下简称已经执行法院）依据执行人广州市越秀区人民法院生效法律判决的民事判决，向被执行人发出执行通知书，责令被执行人网络科技有限公司上述法律文书确定的义务。执行人履行义务。执行法院除查明并扣划被执行人名下的少量钱款外，未发现有其他可供执行的财产。同时该公司法定代表人亦下落不明。执行法院向申请执行人告知上述案件执行人有三个网站均在正常运营，其中一个网页中有广告投放公告，每天广告费为2万元到32万元不等。执行法院依法作出执行裁定书查封，查封期限为两年。相对该网络名被禁止登录、询问履行义务途径、法官接到被执行人主动来电，询问履行义务途径，随后将全额清款项打入法院账户	广东省广州市越秀区人民法院（2017）粤0104执6507—6526号执行系列案全部执行完毕	当前，互联网经济高度活跃，在日益频发的互联网纠纷中，案件财产往往具有难度大、范围广、实体难以掌握的特点，需要创新高效、快捷的执行手段。本案中，被执行人所拥有的网页中有广告投放公告，且在该网页内确核实发现，有广告投放。该网络域名已在国家网管部门有广告投放。权利人具有专有使用权。同时，注册登记、工商登记、搜查等传统执行财产、房管、车管，但仍无可供执行财产。法院可依法将网络域名作为执行财产已尽勤以劳动采取网络措施，向有关单位发出协助执行通知书进行查封，以使被执行人主动履行法定义务
被告人林某某通过网约车猥亵儿童案	2017年1月7日14时许，被告人林某某驾驶小型轿车通过滴滴软件平台接单，将独自一人坐车的被害人江某某（9岁）由本市某公交车站附近送往某市某中学侧门附近时，停车后露出下体欲让坐于副驾驶座的江某某抚摸，又强行对江某某进行猥亵	人民法院经审理认为，被告人林某某猥亵不满14周岁的儿童，其行为已构成猥亵儿童罪。林某某猥亵儿童，依法应从重处罚。依据刑法有关规定，判决被告人林某某犯猥亵儿童罪，判处有期徒刑2年	本案警示：家长要充分认识到未成年人自我防范和自我保护意识较弱这一特点，在无法亲自陪伴时，应尽量为未成年人选择公交车等规范交通工具以保证安全。网约车平台及管理部门要加强监管，提高准入门槛，加大身份识别力度，提高驾驶员安全监控技术水平，保障乘车安全

续表

案件名称	基本案情	判决结果	典型意义
施某通过裸贷敲诈勒索案	2017年3月30日，被告人陈某（17岁，在校学生）通过QQ交流平台联系到被告人施某进行贷款。根据施某并未贷款要求，陈某提供了裸照及以公开裸照，而是以公开裸照信息威胁陈某，勒索陈某进一步威胁陈某要索要人民币1000元，施某进一步威胁陈某父母并索要索要人民币3000元。因施某威胁要收到陈某付款而向公安机关报案。因其裸照信息，陈某害怕而向亲朋好友收到陈某付款行为，故而休学在家，学习生活及心理健康遭受严重影响	依据刑法有关规定，判决施某犯敲诈勒索罪，判处施某有期徒刑10个月，并处罚金人民币2000元	本案警示：未成年人或者在校学生应当理性消费，如有债务危机，应当通过合法途径解决。以"裸"换"贷"，既有违公序良俗，也容易让自己沦为严重违法犯罪的受害者。对于已经"裸贷"的，如果遇到公开裸照进行要挟的行为，一定要及时报警，寻求法律保护
被告人庞某某等人约见网友强奸案	2013年6月，被告人庞某甲（15岁）与被告人庞某乙（18岁）、周某甲（18岁）、周某乙（15岁）、黄某某（15岁）在旅社开房期间，通过QQ联系其在互联网上认识的被告人李某（女，13岁，在校学生）到旅社房间。李某到达后随即被庞某甲、庞某乙、周某甲、周某乙、黄某某在房间内强行奸淫。另以相同方式，其中庞某甲强奸李某1次，其中庞某甲还曾单独强奸李某1次	依据刑法有关规定，判决被告人庞某甲犯强奸罪，判处有期徒刑10年6个月；判决被告人庞某乙犯强奸罪，判处有期徒刑10年5个月，剥夺政治权利2年；判决被告人周某甲犯强奸罪，判处有期徒刑10年4个月，剥夺政治权利2年；判决被告人周某乙犯强奸罪，判处有期徒刑7年；判决被告人黄某某犯强奸罪，判处有期徒刑7年	本案警示：未成年人不宜使用互联网社交网络平台与陌生人交友，切莫单独与网友见面；在遭受侵害后，应立即告知家人并报警，不能因害怕而隐瞒，更不能因恐惧或羞愧再次与网友见面。家庭和学校应加强对未成年人法治教育和德育教育，尤其要提高未成年女学生的人身安全保护意识；及时了解子女网上交友情况。旅店应履行安全管理义务，加强对入住人员审查，尤其要对未成年人或数名违法犯罪情况予以警惕，防止违法犯罪情况发生

续表

案件名称	基本案情	判决结果	典型意义
杨某某假借迷信强奸案	2016年6月至9月，被告人杨某某利用网络通过QQ聊天工具，分别以"张某甲"、"张某乙"、"陈某"及"算命先生"身份与被害人刘某某（14岁）、王某某（15岁）、沈某某（13岁）聊天，并以"算命先生"名义谎称被害人如想和"张某甲"等人生活幸福，必须先与"算命先生"发生性关系方可破解。杨某某以上述手段多次诱骗3名被害人在宾馆与其发生性关系	依据刑法有关规定，判决被告人杨某某犯强奸罪，判处有期徒刑13年6个月，剥夺政治权利3年	本案警示：互联网具有虚拟性，使用者可以不具有真实身份，用不同姓名、性别、年龄、职业与人交往，具有较强迷惑性。未成年人不宜使用互联网社交平台与陌生人交友，以免上当受骗。家长和学校要对未成年人加强性知识、性侵害防卫教育，及时了解子女网上交友情况
乔某某以视频裸聊方式猥亵儿童案	被告人乔某某为满足其不良心理需要，于2014年3—8月，在自住房电脑上，通过登录QQ添加不满14周岁的幼女为其好友，并冒充生理老师以视频教学为名，先后诱骗多名幼女与其视频裸聊	人民法院经审理认为，被告人乔某某以刺激或满足其性欲为目的，用视频裸聊方式对多名不满12周岁的儿童实施猥亵。乔某某猥亵多名儿童，依法应从重处罚。乔某某被抓获后如实供述上述犯罪事实，依法可从轻处罚，依据刑法有关规定，判决被告人乔某某犯猥亵儿童罪，判处有期徒刑4年	本案警示：未成年人，特别是儿童，不宜单独使用互联网，不宜与陌生人视频聊天。未成年人心智发育不完整，识别判断能力差，家长应该控制未成年人使用电子产品和互联网，尤其要关注未成年人使用网络社交平台与陌生人交流，无论向种理由，都不能让未成年人在人面前或视频下脱去衣服，遇到这种情况应该立即告知父母，中断联系

续表

案件名称	基本案情	判决结果	典型意义
叶某甲通过网络向未成年人贩卖毒品案	被告人叶某甲（16岁，在校学生）与社会闲散人员交友，社会闲散人员是否有朋友有需要费用，若有需求可以找其购买，并可以获得好处费。2017年1月至2月期间，叶某乙（15岁，在校学生）因朋友要要吸毒请求叶某甲帮忙购买毒品，后通过QQ联系与叶某甲商定毒品交易地点、价格、数量。双方先后三次交易共计以800元价格交易共约1克甲基苯丙胺	依据刑法有关规定，判决被告人叶某甲犯贩卖毒品罪，判处有期徒刑1年10个月，并处罚金人民币3000元	本案警示：未成年人要正确交友，避免与不良社会闲散人员交往；要深刻认识毒品的危害性，避免被他人引诱沾染恶习。家长要履行监护责任，帮助子女杜绝接触毒品的可能性；要经常与子女沟通，及时了解子女生活、学习、交友情况，避免未成年人走上犯罪道路
被告人刘某某提供虚假网络技术诈骗案	2015年8月份，被告人刘某某在互联网发布传授做他人电脑技术、教做外挂及教他人用代码开通永久会员等虚假信息，以招收学员骗取费用。被害人张某某（10岁，在校学生）浏览该信息后，通过"支付宝"向刘某某付费，并用其父手机通过QQ与刘某某取得联系，欲学习网络游戏技术，刘某某谎称可以向张某某提供网络游戏源代码以帮其在网络游戏中获益。而后，刘某某通过互联网多次向张某某出售使用的"网游外挂"及配套使用的不符或不能使用的"模块"，骗取张某某亲属共计人民币133079.6元。案发后，刘某某向张某某亲属退赔全部经济损失，张某某对刘某某表示谅解	依据刑法有关规定，判决被告人刘某某犯诈骗罪，判处有期徒刑3年，并处罚金人民币5000元	本案警示：家长要使用电子产品和互联网内容等要履行监护责任，对未成年人使用电子产品和互联网的时间和内容等要进行引导、监督；要配合电子产品安全、及时了解子女用网安全功能，对孩子可能接触到的大额财物要严加管理，避免陷入网络诈骗

续表

案件名称	基本案情	判决结果	典型意义
江某某网上虚假销售诈骗案	被告人江某某在互联网上以虚假方法实施诈骗，于2017年7月11日骗取被害人李某甲（在校学生）人民币4000元，于同月20日至22日骗取被害人李某乙（16岁，在校学生）人民币900元。江某某的亲属代其退缴赃款人民币4900元	依据刑法有关规定，判决被告人江某某犯诈骗罪，判处有期徒刑8个月，并处罚金人民币5000元	本案警示：未成年人在互联网上购物要提高警惕，事先要经父母同意，不得擅自而为，要加强对网上交易的风险，并及时了解子女需求，帮助子女完成网上交易活动。网络电商管理平台应加强对商户资质和日常资信审查，减少、避免网络诈骗等违法犯罪行为的发生
王某以招收童星名义诱骗猥亵儿童案	2017年4月至6月间，被告人王某利用网上QQ聊天软件，以某公司招收童星需视频考核为名，先后诱骗被害人赵某某（女，10岁）、钱某某（女，12岁）、李某某（女，12岁）与其视频裸聊	依据刑法有关规定，判决被告人王某犯猥亵儿童罪，判处有期徒刑1年10个月	本案警示：家长对孩子使用电子产品和互联网行为不能不管不问，要帮助子女识别色情、暴力、毒品信息，否则极有可能使孩子受到网络色情、暴力、毒品的侵害；要加强对未成年子女的自我保护和风险防范教育，应该加强净化网络环境治理，设置浏览级别限制，引导未成年人正确使用网络，促进其健康成长

续表

案件名称	基本案情	判决结果	典型意义
付某某诉某网络公司、某教育中心名誉权、隐私权纠纷案	2014年2—6月，路透社经与某教育中心联系，某教育中心口头同意路透社前往该中心进行采访。路透社与某网络公司于2014年7月1日至2015年6月30日期间可转载其发文件。2014年7月7日，某网络公司旗下的某网站刊出一组《探访北京戒网瘾学校》相关内容的照片和文章，该网页第一张照片为付某某正面全身照，相关图片为付某某坐在汽车后排座中间，左右各有一名成年人。付某某头微微低下，目光朝下，但图片没有打马赛克或者做其他模糊处理。该图片配有说明："北京某教育中心是一所戒网瘾学校，学校通过军事化管理帮助青少年戒除网瘾。目前，类似这样的戒网瘾学校在中国已经多达250所。为了帮助孩子戒除网瘾，很多父母将孩子送到戒网瘾学校，让他们接受心理测验和军事化训练。"另外，付某某全身照还出现在第21张照片中，该图片中付某某身穿便装，在沙发上与另外两名身着迷彩服的同龄女生交谈。付某某手托下巴，头朝向另外两名女生。该照片配有说明："5月22日，北京某教育中心，一名刚到中心的女孩子正与其他学生交谈、在父母的要求下，这名女孩来到这里戒瘾。"	依据民法有关规定，判决某网络公司在其某网站上发布向付某某赔礼道歉声明，赔偿付某某精神损害抚慰金1万元、公证费2500元、律师费3万元	本案警示：新闻自由并非毫无边界，网络服务提供者在转载新闻时，应承担法律规定的审慎义务，特别是在关涉未成年人或重大敏感事件时要更加慎重，不能侵害他人的合法权益

全国"扫黄打非"办公室公布的典型案例①

案件名称	基本案情
浙江嘉兴"4·05"特大网络传播淫秽物品牟利案	2018年3月，嘉兴公安机关工作中发现，一款名为"MAX"的直播聚合软件涉嫌传播淫秽物品。经查，该APP软件聚合110多个淫秽色情直播视频，招揽用户购买方式牟利。截止到案发，已发展代理1.6万余名，存储数十万部淫秽色情物品，通过层层发展代理2.5亿元，涉案资金350多万人，会员200余名。8月24日，在公安部协调指挥下，专案组境外协调指挥下，专案组同柬埔寨警方抓获平台老板等犯罪嫌疑人18名，并悉数押解回国
山东济宁"12·15"制作传播淫秽物品牟利案	济宁市"扫黄打非"部门成立专案组，从2017年12月开始，历经10个多月侦破此案。经查，"蜜汁直播""小魔女""浅深"等12个直播平台从事传播淫秽物品牟利在线，高峰期近百名主播同时在线，每个主播观看会员少则几百人，多则数千人，最多一次有24万余人观看某主播淫秽表演。涉案直播平台注册会员200余万人，涉案资金1亿多元。专案组在20多个省利境外抓获犯罪嫌疑人78名，其中境外12名主播全部归国自首，第一批移送的莫某等8人被法院依法判处6个月至4年不等的有期徒刑。2018年12月4日，第一批典型案例
浙江台州"8·04"网上销售电子类非法出版物案	2018年10月，浙江省"扫黄打非"办公室协调公安机关从5个多月的调查、取证，在广西、湖北抓获犯罪嫌疑人7人，扣押服务器3台，电脑等，查获储存非法出版物电子出版物硬盘数据9TB，电脑硬盘内储存的涉案电子出版物近50万册，打掉了涉及全国31个省（区、市）的销售网络。经查，该犯罪团伙通过4个微信公众号、5个淘宝店铺，注册会员20多万人，日均上传书目1000余册。目前，案件在进一步查办中

① 表格内容均来源于国家相关部门官方。其中，案例1—10参见《全国"扫黄打非"十大案件》，中共中央网络安全和信息化委员会办公室公布2018年度"扫黄打非"十大案件》，中共中央网络安全和信息化委员会办公室官网，http://www.cac.gov.cn/2019-01/10/c_1123972406.htm，最后访问时间：2019年9月30日。案例11—16参见《全国"扫黄打非"办公室通报"净网2019""护苗2019""行动一批典型案件》，中国扫黄打非网，http://www.shdf.gov.cn/shdf/contents/767/397494.html，最后访问时间：2019年10月25。

续表

案件名称	基本案情
湖南益阳"3·12"特大制售非法有害少儿出版物案	2018年3月12日，益阳市文化执法、公安部门联合对某公司进行执法检查，现场查获少儿非法出版物。随后案件移送公安机关立案查办。截至2018年9月，公安机关抓获犯罪嫌疑人6名，在益阳、义乌两地涉案仓库查获少儿非法出版物272.5万余册，查封扣押并大量生产印刷及装订设备。经查，唐某平自行设计创建少儿图书品牌，非法获得书号；委托吕某在浙江义乌大量印刷、生产、加工；通过网络店铺、招聘二级代理商销售。唐某平等人经电商平台销售至全国各地的少儿非法出版物3000万余册，涉案码洋3.5亿余元。目前，该案已移送检察机关审查起诉。
湖南郴州"12·28"传播淫秽物品牟利案	2018年4月，郴州公安机关打掉"桃花岛宝盒"聚合直播平台，抓获平台主要股东、运营管理团队骨干成员以及部分直播平台的股东、技术员、家族长，犯罪嫌疑人吴某、陈某等人开发"桃花岛宝盒"直播聚合软件，非法聚合100余个淫秽直播平台，通过组织直播表演、播放淫秽视频，利用QQ和微信群传播淫秽视频进行牟利，每日观看人数逾百万，涉案资金3.5亿余元。目前，案件已移送检察机关审查起诉。
辽宁大连"8·29"涉嫌销售盗版图书案	2018年10月，大连市公安机关成功收网，犯罪团伙11人全部抓获归案。专案组历时1年，查明以李某为首向全国的侵权盗版印制、发行、销售网络，在北京、广州两地端掉存放盗版图书仓库7个，《现代汉语词典》《新华词典》《古汉语常用字典》《牛津英汉初阶双解词典》等工具书50万余册，码洋2000多万元。主犯李某于2018年6月在四川成都被抓获。目前该案已移送检察机关审查起诉。
陕西渭南"9·13"团伙系列新闻敲诈勒索案	2018年9月，陕西渭南警方打掉一个冒充媒体单位敲诈勒索的犯罪团伙，抓获11人。经查，自2013年以来，主犯马某利用本人及亲属身份注册5家广告公司，先后与多家报社签订广告代理合同，招聘10余名人员，利用报社委托业务关系，由业务员冒充报社工作人员，到单位采访找问题为要挟，以曝光负面信息、到单位采访宣传费等为手段，向多个企事业单位实施敲诈勒索。或刊登封面宣传稿，"恭贺"类广告索取宣传费等为手段，向多个企事业单位实施敲诈勒索。涉案敲诈勒索5359宗，涉案敲诈勒索965万余元。目前，案件在进一步办理中

续表

案件名称	基本案情
江苏南京"6·16"特大网络传播淫秽物品牟利案	2018年6月，南京市公安局工作发现，一个名为"百度群组论坛"的网站存在传播淫秽视频行为，网站分享区内包含大量淫秽色情视频文件。经过数月侦查，打掉发布淫秽视频群组的网站1个，关闭传播淫秽色情物品的网络群组500余个，取证淫秽视频嫌疑人100余名。经查，"百度群组论坛"网站系网民卢某远创建，网站设置"分享区"，供会员缴费分享含有淫秽视频文件的百度网盘群组链接，数量达数十万条，涉及百度网盘管理员100多人。目前，案件已移送检察机关审查起诉
安徽合肥许某等人网络侵犯著作权案	2018年3月，合肥市公安局高新公安分局破获一起网络侵犯文字作品著作权案。经查，许某等人自2014年开始，成立网络科技公司，先后架设多个侵权盗版网站，未经授权采集复制他人文字作品500多万份，发布至其运营的盗版网站中供读者免费阅读以此增加流量，通过吸引部分用单位在网站上投放广告获利，查实网站共吸收会员32万多名，被侵权文章总点击量17.89亿次，许某于2017年7月至2018年1月期间利用广告放非法获利750余万元。目前，案件已由检察机关向法院提起公诉，近期即将审判
四川广安"1·23"李某网络猥亵女童案	2018年1月，华蓥市公安局接居民报案，反映其11岁女儿网上遭遇威胁，恐吓要求拍摄裸照。"扫黄打非"部门高度重视，公安机关迅即立案侦查。2018年2月，专案组锁定犯罪嫌疑人李某，赴陕西西安将其抓获，现场扣押手机5部，查获涉儿童不雅视频100余部。经查，李某从2017年10月开始，在QQ上以招聘童星为名，诱骗20多名女童上传裸照及不雅视频。2018年7月，华蓥市人民法院判决李某有期徒刑3年
浙江丽水李某某、陈某某等人制作传播淫秽物品牟利案	2019年4月，丽水市专案组查清全部案情，陆续抓获犯罪嫌疑人8名，包括自导自演制售淫秽视频的主犯李某某于2018年11月案件由丽水市公安局经济开发区分局立案。李某某以"仓本C仔、内裤哥"，91校长"等名根据群众举报案立案侦办，缴获淫秽视频10余万部。经查，2016年至2017年李某某伙同陈某某、陈某、林某某等人租用境外服务器，开设义、拍摄淫秽视频进行销售，自2017年10月起，充值VIP等形式获利。赵某某、未某某等人拍摄淫秽视频进行加密后，上传至网盘、91B1网盘出售，以出售会员。该案共传播淫秽视频10万余部，购买人员达10万余人，分布在各地及境外地区。2018年再通过91B1网站出售淫秽视频，河北等地抓获李某某、陈某某等4名主犯。近期，专案组在山东、湖南、广西等地抓获年底，专案组先后在广东、河北等地及境外地区。分布在山东、赵某某、未某某等4人

续表

案件名称	基本案情
广东深圳"快视精"短视频传播淫秽物品牟利案	2019年3月，深圳龙岗公安机关侦破该案。经查，"快视精"APP自称"成人版抖音"，铲除一个规模庞大的涉黄短视频平台，查获11万部淫秽短视频，刑事拘留26人。自2018年10月上线以来，页面及浏览方式均模仿"抖音"，但只传播淫秽色情视频。运营者还推出奖励措施，奖励向平台上传淫秽视频的用户。注册用户近300万，有1000多名用户存在上传淫秽视频行为，获利过千万元。运营团伙通过收取嫖博网站广告费、参与分红、截至收尾，... 3月23日，深圳龙岗警方在全国15个地市展开收网，抓获犯罪嫌疑人26名，包括技术开发、软件运营及部分传播淫秽视频的活跃用户等。目前，该APP被依法查封，案件在进一步深挖中
广西贵港"6·29"传播淫秽物品牟利案	2019年2月，该案移送检察机关审查起诉。2018年6月，贵港市公安局网络巡查发现辖区内某网民涉嫌传播淫秽视频线索，遂立案侦查。经查，上述网民系"Pymai"淫秽视频网站的总代理兼客服，该网站管理团队分工明确，组织严密，团伙成员十多人，下线代理100多人，涉及全国20个省份及马来西亚、新加坡等国家。团伙通过微信群组结合的作案方式，已发展会员5万余人，涉案金额1300余万元。2018年底，专案组开展统一抓捕行动，陆续抓获犯罪嫌疑人16人，贾某等14人被依法逮捕，扣押服务器存储的淫秽色情视频5万部，捣毁用于传播淫秽色情信息的工作室3个
上海长宁"樱桃直播"APP传播淫秽物品案	2019年1月，上海市公安局长宁分局网络巡查发现苹果手机应用商店内有部分涉黄APP，其中"樱桃直播"APP最为热门。经查，该APP内有数百名女主播从事淫秽表演和传播淫秽视频等活动，观看人数数万人，涉案资金上百万元。长宁公安分局专案组经前期侦察，证据固定等大量工作后，前往重庆、湖南、广东等多地实施抓捕，目前，成功抓捕涉案人员43名，均已刑事拘留，案件在进一步侦办中
安徽六安叶集"8·19"传播涉未成年人淫秽视频案	2019年3月，该案已由检察机关提起公诉。2018年3月，六安市公安机关在工作中发现，名为"正太社区"的网站传播淫秽视频及图片。经查，该网站建立者为齐某某，服务器在国外，有注册会员3000余人，网站上有淫秽视频2000余部，图片8000余张，部分视频和图片涉及未成年人。公安机关共抓获齐某某等犯罪嫌疑人3名
山东聊城"萌妹子"论坛传播儿童色情视频牟利案	2018年8月，根据全国"扫黄打非"办公室转办视频线索。经查，2017年7月以来，聊城市和阳谷县公安机关迅速开展侦查，破获该案，抓获主要犯罪嫌疑人刘某。"萌妹子"论坛涉嫌贩卖、传播儿童色情视频，共发展会员13万余人，其中付费会员400余人，牟利7万余元。刘某通过江苏云港某网络科技公司租用一台境外服务器，建立...目前，该案已移送检察机关审查起诉

参考文献

段传龙：《中国互联网立法的成就、问题与完善》，《河北大学学报》（哲学社会科学版）2019 年第 2 期。

李林、支振锋：《网络法治蓝皮书：中国网络法治发展报告（2018）》，社会科学文献出版社 2018 年版。

王利明：《论互联网立法的重点问题》，《法律科学（西北政法大学学报）》2016 年第 5 期。

王四新、韩啸：《推进网络法治化需要协调的几组关系》，《理论视野》2014 年第 12 期。

王四新、徐菱骏：《网络立法：重构网络生态环境》，《新闻与写作》2016 年第 7 期。

吴志攀：《"互联网＋"的兴起与法律的滞后性》，《国家行政学院学报》2015 年第 3 期。

谢永江、纪凡凯：《论我国互联网管理立法的完善》，《国家行政学院学报》2010 年第 5 期。

支振锋：《互联网全球治理的法治之道》，《法制与社会发展》2017 年第 1 期。

支振锋：《网络空间命运共同体的全球愿景与中国担当》，《光明日报》2016 年 11 月 27 日。

后　记

　　信息革命深刻而全面地改变着人们的生产生活方式、社会组织方式、国家治理机制、法律规制方式。2018 年以来，人工智能、5G、区块链等技术飞速发展，加快推动社会数字化、网络化、智能化转型，给中国网络法治建设提出了新的挑战，带来了新的问题。我国互联网立法紧跟技术发展前沿，研究产业发展规律，将技术创新与法治创新相融合，不断为互联网不同领域的发展"问诊号脉"，探索中国特色治网之道。

　　解决信息技术发展带来的问题，有的需要拓展传统法治的覆盖范围，有的则要对传统法治做根本改造，还有的是传统法治未曾面对、需要信息时代法治给出答案。有效应对问题和挑战，将互联网这个最大变量变为最大增量，需要我们有更高超的治理能力和法律智慧。近年来，我国相继出台网络安全法、电子商务法、互联网信息服务管理办法等一系列新的法律法规和司法解释，不断完善民商法、经济法、行政法、刑法等传统法律，逐步形成涉及面广泛的网络法律体系。坚持问题导向，坚持依法治理，成为我国网络空间治理的鲜明特色。

　　《中国网络法治发展报告（2018—2019）》着眼于对中国网络法治领域重大进展和重大问题进行全景式、全周期、全方位的研究与记录，通过梳理立法文件及典型案例，从国家治理、网络安全、内容治理、产业发展、国际治理等不同角度回顾了2018—2019 年中国网络法治发展整体状况，以学界视角聚焦监管机构立法、执法动态以及业界合规守法实践，探讨了当前中国网络法治发展特点及存在的问题，展望了未来立法趋势，以期推动网络法治和制度完善，使互联网为我国推进国家治理体系和治理能力现代化提供更加澎湃的动力。

法与时转则治，治与世宜则有功。信息革命不仅推动产业转型、生活变化，也催生新的治理机制，形成新的法治理论和实践。我们应站在信息时代的前沿，抓住新一轮科技革命带来的宝贵机遇，不断推动信息时代法治发展进步。

支振锋

2019 年 11 月 7 日

支振锋，国家"万人计划"青年拔尖人才，博士生导师。西北大学兼职教授，中国社会科学院法学研究所研究员、中国社会科学院大学教授、《环球法律评论》杂志副主编。兼任《人民日报》评论部专家顾问组成员，中国法理学研究会常务理事，中国特色社会主义法治理论研究会理事，中国廉政研究会理事，中国网络与信息法学研究会理事，江西省"双千计划"创新领军人才。

出版法学专著10余部，译著6部，在《法学研究》等核心期刊发表学术论文50余篇，在《人民日报》《光明日报》《求是》"两报一刊"发表理论文章60余篇，其中6篇文章被《新华文摘》《中国社会科学文摘》《高等学校文科学术文摘》转载。另在《法制日报》《检察日报》《人民法院报》《中国青年报》《环球时报》《南方周末》等报刊发表各类文章200余篇。

作为首席专家主持国家社科基金特别委托项目，主持中央宣传部、中央政法委、中央网信办、最高人民法院、教育部、司法部等部门委托项目约20项。

刘晶晶，中国社会科学院—上海市政府上海研究院，上海大学社会学院，博士研究生。参与省部级以上课题10余项，参与编写《网络法治蓝皮书》《网站商业价值评估报告》等，在《青年记者》《网络传播》等刊物发表论文5篇。